KB107125

홍춘욱

에프엔미디어

58년 개띠가 은퇴하면 나라 망할까?

2023년은 '58년 개띠'가 지공거사가 된 해입니다. 지공거사란 65세 이상의 노인에게 지하철 공짜 승차권을 부여하는 데서 유래한 말이죠.

58년 개띠는 한국 베이비붐 세대(1955~1963년생)를 대표하는 인구 집단으로, 숫자가 많을 뿐만 아니라 1960년대 후반 시행된 '중학교 평준화' 정책의 혜택을 받은 행운아들이기도 합니다.

1960년대에는 경기중학교를 비롯한 일부 명문 중학교에 입학하기 위한 경쟁이 치열했는데, 1968년에는 중학교 시험 재수생이 서울에만 6,000명 이상이라는 보도가 있을 정도였습니다.[1] 당시 정부의 '의무교육 완성 6개년 계획'에 따라 초등학교 진학률은 무려 96% 수준에 도달한 반면 중학교 정원은 이들의 절반도 미치지 못했으니 입시 과열이 출현한 것은 어쩌면 당연한 일이었습니다.

중학교 무시험 입학 제도는 1969년 서울에서 시작해 1970년 부산과 대구 등 10대 도시로 확대되었고 1971년에는 전국으로 확대 실시되었습니다. 정부는 중학교 진학 수요를 충족시킬 목적으로 전국에 370개가 넘는 중학교를 설립해 1971년 중학교 진학률은 71.5%까지 높아졌죠.

[표 0-1]에서 58년 개띠와 이전 세대의 대학 진학률을 비교하면 2배 가까이 차이가 나는 것을 발견할 수 있습니다.[2]

베이비붐 세대의 영광은 이것으로 끝이 아닙니다. 그들이 대학 문을 나선 1980년대는 한국 역사상 가장 강력한 경제 성장

[표 0-1] 한국 세대별 교육 수준 비중(2012)

(단위: %)

세대별	초등학교 이하	중학교	고등학교	대학 이상
1946~1954년생	33.2	22.5	28.3	16.1
1955~1963년생	12.4	17.7	40.8	29.1
1964~1972년생	1.9	4.7	44.2	49.1

출처: 강종만(2014)

의 시대였기 때문입니다. 특히 이들 세대에게 정보통신혁명은 큰 기회로 작용했습니다.

1990년대 초반에 직장 생활을 처음 시작했을 때, 제 별명이 '홍엑셀'이었습니다. 사무실의 누구보다 빨리 엑셀을 배워 부장님과 팀장님의 수고를 덜어드렸기에 붙은 별명이었죠. 그러나 1990년대 후반까지도 엑셀을 습득하지 못한 분이 꽤 많았습니다. 50대에 접어든 분은 스스로 엑셀과 인터넷 등의 신문물을 받아들이는 것보다 부하 직원을 시키는 쪽이 훨씬 편했기 때문일 것입니다.

그러나 58년 개띠 선배들은 달랐습니다. 금방 엑셀을 배웠고, 어떤 분은 저보다 훨씬 능숙하게 엑셀을 사용하기에 이르렀으니까요.

58년 개띠가 정보통신혁명에 잘 적응한 것은 아직 젊은 나이였던 데다 교육을 잘 받았기 때문입니다. 교육을 잘 받은 이들은 기술의 발전을 신속하게 따라갈 가능성이 높습니다.

일각에서는 당시 대통령의 자제를 좋은 중학교에 입학시키기 위해 중학교 평준화를 시행했다고 비아냥거리기도 합니다. 그러나 1968년의 중학교 평준화 조치가 베이비붐 세대는 물론 우리 경제 전반에 얼마나 긍정적인 영향을 미쳤는지 모릅니다. 잘 교육받고 열의에 찬 근로자들을 쉽게 채용할 수 있는 환경

이야말로 기업들에 무엇보다 중요한 조건 아니겠습니까.

더 나아가 58년 개띠가 30대에 접어들면서 슬슬 가정을 꾸리던 1980년대 후반, 한국 경제 역사상 손꼽히는 부동산 가격의 급등이 나타났습니다. 저금리와 3저 호황, 만성적인 주택 공급 부족이 맞물린 결과, 1988~1990년 서울 아파트 가격이 연평균 20.7% 상승했죠. 웬만한 지역의 부동산 가격이 4년 만에 2배 오를 때, 58년 개띠 일부는 한 재산을 모을 수 있었습니다.

어떤 이들은 베이비붐 세대의 은퇴가 경제에 큰 충격을 미칠 것이라고 이야기하는데 저는 의견이 다릅니다. 적어도 10년 정도는 58년 개띠의 은퇴가 경제는 물론 자산시장 전반에 훈풍을 불어넣으리라 생각합니다. 무엇보다 젊은 세대의 일자리가 크게 늘어나는 한편, 연공서열 시스템을 채택한 기업의 비용 구조를 크게 개선할 가능성이 높은 데다, 58년 개띠의 거대한 자산이 경제 전반에 강한 금리 하락 압력을 넣을 것으로 예상하기 때문입니다.

상당히 파격적인 주장이라 생각하는 분이 많을 텐데 총 5장에 걸쳐 차근차근 설명하겠습니다. 먼저 1장에서는 대한민국 인구의 미래를 말씀드립니다. 지난 100년 동안의 인구 변화는 물론 최근의 저출산 원인과 해결 방안을 자세히 다루니 정책 당국자들이 꼭 읽었으면 합니다.

2장은 인구 변화가 경제에 미치는 영향을 미국과 한국 위주로 살펴봅니다. 저는 고령화가 심화됨에 따라 미국에서 시작된 실질금리 하락 현상이 한국에 파급될 것이라고 생각합니다.

3장은 한국의 이웃인 중국과 일본 경제의 미래를 다룹니다. 두 나라 모두 급격한 고령화를 겪는 중인데, 이게 어떤 영향을 미칠지 다루게 될 것입니다. 저는 일본 경제의 미래가 매우 밝다고 보지만 중국은 현재와 같은 대응 방식으로는 성장의 한계에 부딪힐 것이라 생각합니다.

4장에서는 인구와 부동산시장의 관계를 다룹니다. 미국과 일본, 그리고 한국 부동산시장의 현 상황은 물론 미래를 예측하니, 주택 마련에 관심 있는 분들에게 큰 도움이 되리라 생각합니다.

이어지는 5장은 인구 변화와 주식시장, 그리고 국민연금의 미래를 다룹니다. 특히 국민연금의 성과를 복제할 전략을 몇 가지 제공하니 투자에 유용할 것입니다. 저는 노령화 속에서 기업들의 수익이 크게 개선될 것으로 기대하며, 특히 현재와 같은 기세로 생산성이 향상된다면 한국 주식시장의 기세가 무서울 것이라 생각합니다.

끝으로 일본 관련 통계를 조사해준 큰아들 채훈, 중학교에 들어갔음에도 불구하고 아빠와 매주 배드민턴 치는 작은아들 우진, 제가 책상에 오래 앉아 있을 때마다 커피를 내려주며 함께 스트레칭하자고 나서는 아내 이주연, 그리고 사랑으로 키워주신 어머니와 두 동생에게 이 책을 바칩니다.

2024년 2월

홍춘욱

차례

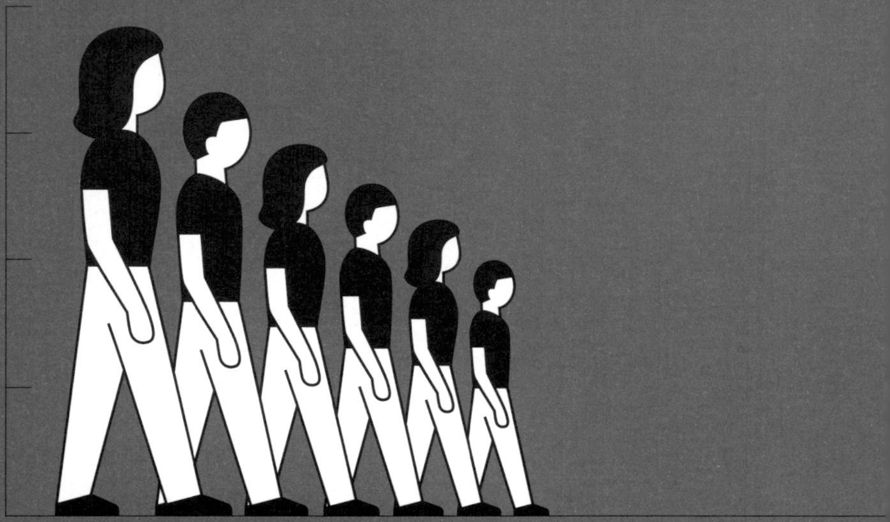

1장

대한민국
인구의 미래

1

대한민국 인구의
간략한 역사

1911년 남한 지역 인구는?
1,000만!

지난 110년 동안 대한민국 인구는 드라마틱한 변화를 겪었다. 1911년에는 한반도 남부 지역에 약 1,000만 명이 살았는데 2022년에는 5,000만이 넘는 사람이 대한민국에 살고 있으니 말이다.

대한민국 인구가 폭발적으로 늘어난 결정적 계기는 1945년 광복이었다. 북에서 남으로 대대적인 인구 이동이 시작되며 1949년 2,000만 명을 돌파한 데 이어 1968년 3,000만, 그리고 1984년 4,000만을 돌파하기에 이르렀다.[1]

특히 한국전쟁 이후 시작된 강력한 베이비붐이 인구 증가의 결정적 요인으로 작용했다. 전쟁으로 많은 이가 죽고 이산가족이 발생했지만, 70만 명의 군인이 차례대로 제대하면서 새로운 가정을 일구고 자녀를 낳기 시작했던 것이다.

이는 한국뿐만 아니라 세계적으로 벌어진 일이었다. 미국의 베이비붐 세대는 1946~1964년 태어난 7,800만 명이고, 일본도 태평양전쟁 이후 단카이세대(団塊の世代)가 형성되었다. 이들은 약 680만 명 전후로 일본 고도 성장의 주역이었다.

폭발적인 인구 증가는 1970년대 초반까지 이어졌다. 출산 붐

인구와 투자의 미래 확장판

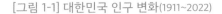

[그림 1-1] 대한민국 인구 변화(1911~2022)

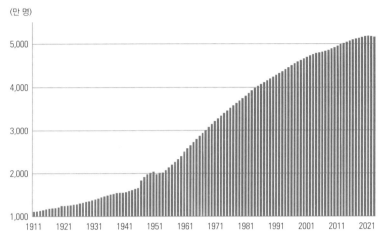

(만 명)

비고: 광복 이전은 남부 지역 기준
출처: 김낙년(2021)

뿐만 아니라 영아사망률 급락이 큰 영향을 미쳤다. 예전에는 아이를 여덟 명 낳아도 성인까지 자란 아이는 두세 명에 불과했는데, 건강보험이 도입되고 상하수도 시설이 완비되자 태어난 아이들 대부분이 성인이 되었던 것이다. 그러나 영아사망률 하락은 역설적으로 신생아 출산을 줄이는 결과를 가져왔다. 왜냐하면 부모가 "아이 대부분이 건강한 성인으로 자랄 것"이라는 생각을 갖게 되어, 예전처럼 많이 낳지 않기 시작했기 때문이다.

더 나아가 농경사회에서 산업사회로 바뀐 것도 출산율을 떨어뜨리는 요인으로 작용했다. 1949년 농지개혁 이후 한국은 각 가정이 아주 작은 땅을 보유한 소농 사회가 되었고, 소농 경영에는 많은 노동력이 필요하다.[2] 매일 텃밭을 매고 황무지를 개간하고 저수지와 배수로를 관리해야 한다. 특히 논두렁마다 콩이나 옥수수를 빼곡하게 심어 더 많은 수확을 거두기 위해 노력한다.

일손이 많이 필요하니 취학 전 아동도 종종 농사에 투입된다. 필자도 방학마다 시골집에 맡겨져 소먹이로 사용할 꼴을 베고 잡초를 뽑았던 기억이 선명하다. 그러나 어느 순간, 공부가 가장 중요한 의무가 되기 시작했다.

아이는 생산재가 아니라 자본재!

아이들의 삶에 변화가 나타난 가장 큰 계기는 도시로의 이주였다. 1977년 한국의 도시화율이 50%를 돌파하면서부터 아이의 노동력은 그렇게 중요하지 않아졌다. 도시의 아이들은 자동차와 공해, 연탄가스의 위험에서 보호받아야 하는 존재가 되었고, 아동노동이 엄격히 금지되기 시작했다.

이때부터 대한민국에서 아이는 '집안의 팔자를 고쳐줄 복권'

처럼 대우받은 것 같다. 실제로 추석이 중간고사 때와 겹치면 시골에 성묘하러 가지 않아도 되었고, 또 서울에 있는 명문 대학에 진학해 집안을 빛낸 친척 형들 이야기를 귀 따갑게 듣기 시작했다. 그리고 초등학교 때 공부방에 다니기 시작하고 과외를 하는 아이들도 늘어났다.

당연히 아이 1인당 투입되는 교육비 부담이 커졌고 점점 출산율이 떨어지기 시작했다. 즉 아이를 여럿 낳기보다 한둘을 낳아서 집중적으로 투자하는 식이 된 것이다.

[그림 1-2] 한국 신생아 추이(1970~2022)

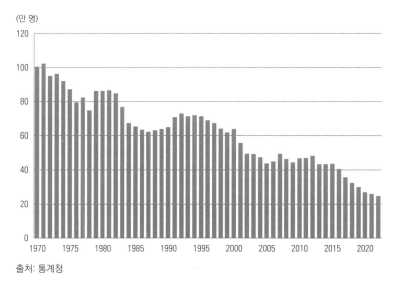

출처: 통계청

그럼에도 1980년대 초반까지 한국의 합계출산율, 즉 15~49세의 여성이 생애에 걸쳐 낳을 것으로 예상되는 아이는 2명 이상이었다. 가장 큰 이유는 여성이 상대적으로 낮은 교육 수준에 머물렀다는 점이다.

교육 수준이 상대적으로 낮으면 일자리를 찾기 힘들어 결혼 연령이 빨라질 가능성이 높다. 실제로 1975년 14~84세 남성의 평균 교육 연수는 8년인 반면 여성은 6년에도 미치지 못했다.[3] 남성의 4%가 대졸 학력인 반면 여성의 1%만 대학 문턱을 넘을 수 있었다. 결국 여성들은 결혼 후 자녀를 키운 다음 다시 직장을 찾는 형태로 사회생활을 영위하는 게 대부분이었다.

여성의 교육 수준 향상 속에 출산율 2.0명 깨져!

여성들이 취업 기회를 박탈당한 환경은 1980년대부터 서서히 사라진다. 첫 번째 변화는 3저 호황의 출현이었다. 1984년 시작된 저유가와 저금리, 저달러로 인한 엔화 강세 현상은 한국 경제 입장에서 횡재나 다름없었다. 특히 1980년대 초반 미국과 일본의 반도체 전쟁이 벌어진 것은 한국에 무엇과도 바꿀 수 없는 기회를 제공했다.[4]

당시 일본은 강력한 경쟁력을 바탕으로 반도체산업의 패권을 장악하는 중이었고, 미국의 인텔은 메모리용 반도체시장을 포기하고 중앙연산처리장치(CPU)시장에 집중하려는 참이었다.[5] 이때 등장한 한국의 전자회사들은 미국 입장에서 아주 매력적인 카드로 비쳤다. 즉 인텔의 메모리용 반도체 생산 설비를 처분하는 한편 일본을 견제할 대항마 역할을 담당할 수 있었기 때문이다. 역사상 유례를 찾기 힘든 호황 속에서 여성에게도 좋은 일자리의 문이 열리기 시작했는데, 대우그룹이 1985년 처음으로 대졸 여성을 대거 채용한 것이 시작점이 되었다.[6]

큰 호황 못지않게 중요한 변화는 대학 입학 정원 확대였다. 1980년대 초반, 전두환 정부는 졸업정원제를 시행했는데 이는 대학의 문을 활짝 여는 결과를 가져왔다. 1979년 쿠데타로 집권한 군사정부는 1980년 과외를 폐지하는 한편 1981년 입학생부터 대학의 정원보다 훨씬 많은 신입생을 선발한 후 초과 인원을 중도에 탈락시키는 교육 정책을 시행하기에 이르렀다.[7] 필자도 이 혜택을 받은 세대였고, 학창 시절에는 졸업정원제 시행 이전에 들어온 선배들에게 "예전 같으면 학교 정문도 못 밟을 녀석"이라는 이야기를 종종 들었다.

하지만 그런 이야기는 당시 학생들에게 아무 타격이 없었다. 비아냥거리던 선배들은 석사장교 제도를 통해, 대학원 졸업만

하면 6개월 만에 군 복무를 대체하는 어마어마한 혜택을 누렸기 때문이다. 전문 연구자를 육성할 목적으로 도입했지만 공학 계열에는 큰 도움이 되지 않았던 이상한 제도였다.[8]

이야기가 길어졌는데, 아무튼 이와 같은 경기 호황과 여성의 대학 진학률 제고는 출산율의 급격한 저하로 연결되었다. 이를 기회비용 관점에서 설명하면 다음과 같다.

대학을 졸업한 여성이 월 300만 원 받는 직장을 다니는데, 결혼하면 그 직장을 그만두어야 한다고 가정해보자. 그러면 결혼과 출산으로 1년만 쉬어도 연 3,600만 원의 수입을 포기하는 셈이고, 만일 5년 정도 경력 단절이 발생하면 1억 8,000만 원의 손실이 발생한다. 더 나아가 경력 단절을 겪은 후 얻은 직장의 월 평균 임금이 200만 원에 그친다면? 기회비용이 기하급수적으로 높아진다.

따라서 소득 수준이 높은 여성일수록 결혼과 출산을 기피할 가능성이 높아지는데, 한국 여성의 대학 진학률이 1990년을 전후해 남성보다 높아짐에 따라 출산율 하락이 다른 나라보다 훨씬 더 가파르게 진행되고 말았다.

그렇다면 "앞으로 출산율은 어떻게 될까?"라는 의문이 생길 텐데 다음 절에서 이 의문을 풀어보자.

인구와 투자의 미래 확장판

2

세계 최저 출산율의
원인은?

합계출산율 0.6명!

2022년 UN이 발표한 인구 추계 결과를 보면 20~64세 인구 비중은 2020년을 정점으로 가파르게 하락한다. 19세 이하의 비중은 1980년부터 지속적으로 감소 추세인 반면 65세 이상의 인구는 1980년부터 계속 상승 중이다.

최근 한국의 합계출산율은 홍콩과 함께 세계 최하위를 기록하고 있다. 한 사회의 인구가 감소하지 않으려면 출산율이 2.1명

[그림 1-3] 한국 인구구조 변화 추이와 전망(1980~2050)

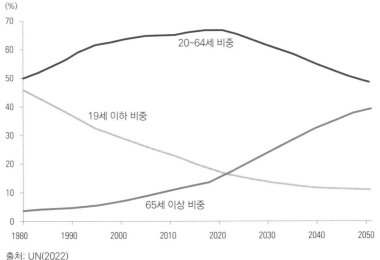

출처: UN(2022)

인구와 투자의 미래 확장판

[그림 1-4] 주요국의 65세 이상 인구 비중 전망

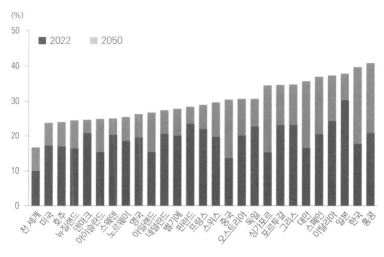

출처: UN(2022)

수준을 유지해야 하지만 한국은 1984년 이후 이 근처도 가본 적 없다.

한국이 저출산 국가가 된 가장 주된 이유는 예전보다 훨씬 잘살게 되었기 때문이다. 1인당 국민소득이 3만 달러 수준으로 올라가고 경제 규모가 세계 10위 전후까지 상승하는 가운데 출산에 따르는 기회비용도 함께 상승하고 있다.

[표 1-1] (26쪽)은 한국의 학력 수준별 미혼 인구 비중 변화를 보여주는데, 학력 수준이 높을수록 미혼 비율이 높아지는 것을

발견할 수 있다. 예를 들어 2020년 30세 이상 여성을 기준으로 4년제 이상 대학교 졸업자의 미혼 비율은 20.0%이고 대학원 졸업자의 미혼 비율은 22.1%에 이른다.

이런 현상은 고학력자일수록 소득 수준이 높기 때문에 나타난다. 2020년 기준 4년제 대학 졸업자의 임금을 100으로 놓으면 고등학교 졸업자의 임금은 63에 불과한 반면 대학원 졸업자의 임금은 150에 이른다.[9]

비싼 등록금을 내고 상급 학교에 진학한 사람들은 스스로가

[표 1-1] 한국 30세 이상 미혼 인구의 교육 정도 비교

(단위: %, %p)

	2015년(A)			2020년(B)			증감(B-A)		
	계	남	여	계	남	여	계	남	여
미혼 인구 비율	13.2	17.1	9.4	14.7	19.2	10.4	1.5	2.1	1.0
받지 않았음 (미취학 포함)	3.2	9.3	1.8	1.6	3.4	1.3	-1.6	-5.9	-0.5
초등학교 졸업	3.1	6.3	1.4	2.7	4.9	1.6	-0.4	-1.4	0.2
중학교 졸업	6.3	10.5	2.7	6.5	10.9	3.0	0.2	0.4	0.3
고등학교 졸업	13.0	18.2	7.7	13.0	19.0	7.4	0.0	0.8	-0.3
대학교 (2, 3년제) 졸업	20.3	24.3	16.3	22.0	27.3	16.5	1.7	3.0	0.2
대학교 (4년제 이상) 졸업	19.7	20.2	18.9	21.8	23.1	20.0	2.1	2.9	1.1
대학원 졸업	15.4	10.6	23.4	15.9	11.8	22.1	0.5	1.2	-1.3

출처: 통계청(2021)

인구와 투자의 미래 확장판

"머리 좋고 학습 능력이 뛰어나다"고 판단한 셈이니, 임금에 대한 기대 수준이 높다. 그리고 기업들이 근로자들의 학력을 중요한 정보로 간주하기 때문에 학력과 소득 간의 상관관계가 높아진다.

따라서 여성의 학력 수준이 높아질수록 출산의 기회비용이 높아지며 결혼과 출산을 기피하게 된다.

미국은 고학력자 결혼율이 더 높아!

그런데 한 가지 의문이 제기된다. 고학력자(및 고소득자)일수록 결혼율이 높아지는 나라도 존재하기 때문이다. 대표적인 나라가 바로 미국인데, 미국의 대졸 여성은 결혼율이 저학력자에 비해 월등하게 높을 뿐만 아니라 사실상 유일하게 상승하는 계층이기도 하다.[10]

[그림 1-5](28쪽)의 가로축은 미국 여성의 소득 분포를 나타내며, 왼쪽에서 오른쪽으로 갈수록 소득이 올라간다. 즉 95는 소득 상위 5%에 해당하는 고소득자다. 세로축은 1970년과 2011년 사이의 결혼 비율 변화인데, 대부분 여성의 결혼율이 떨어졌음에도 고소득 여성만 결혼율이 상승했다. [그림 1-5]

[그림 1-5] 미국 여성의 소득 분포별 결혼율 변화(1970~2011)

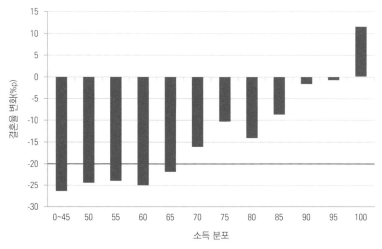

출처: Hamilton Project(2012)

아랫부분의 검은색 선은 평균 결혼율 변화를 나타내는데, 41년 사이에 여성의 결혼율이 무려 20%포인트나 감소했음을 알 수 있다.

이와 같은 결과는 한국 상황과 정반대다. 미국도 2000년대 접어들면서 여성의 대학 진학률이 남성을 앞질렀는데 왜 고소득 여성에 결혼과 출산 붐이 불고 있을까?

미국 등 선진국 출산율이
상승하는 이유는?

그런데 흥미로운 것은 미국 외에 다른 선진국의 출산율이 동
반 상승하고 있다는 사실이다. [그림 1-6]은 서구권에서 여성
의 경제활동 참가율과 출산율의 상관계수를 측정한 것이다. 상
관계수는 두 지표의 관계를 숫자로 나타낸 것으로, 100% 동일
하게 움직이면 1이고 100% 반대로 움직이면 -1이다. 여성의 경

[그림 1-6] 서구권 여성의 경제활동 참가율과 출산율의 상관계수(1970~2015)

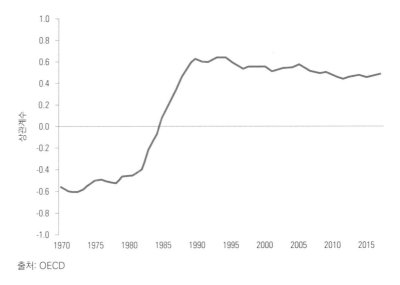

출처: OECD

제활동 참가율이 높아질수록 출산율도 상승하는 것을 발견할 수 있다.[11] 즉 여성의 경제활동 참가율이 높아지고 그 숫자가 무시 못 할 수준에 도달하면서 출산율이 상승하는 것이다.

한국의 출산율이 올라오지 못한 것은 가임기 여성의 경제활동 참가율이 아직 선진국 수준에 미치지 못하기 때문이라는 이야기가 된다.

유연한 일자리의 급증 때문!

선진국 여성은 학력 수준이 높아지며 경제활동 참가율이 높아지는데 왜 출산율이 상승했을까?

이 의문을 풀기 위해서는 두 종류의 일자리에 대한 설명이 필요하다. [그림 1-7]은 같은 학교를 졸업한 부부 앞에 두 종류의 일자리가 제시되었음을 보여준다. 가로축은 주당 노동 시간이고 세로축은 주당 소득인데 탐욕스러운 일자리와 유연한 일자리는 매우 상반되는 특성을 지닌다.[12]

첫 번째 일자리(실선)는 '탐욕스러운 일자리'로, 일이 벌어질 때마다 항시 대응할 수 있어야 하고 노동 시간도 매우 길다. 대신 임금이 특정 시간(H*, 주당 40~45시간)을 넘어서는 순간부터 급격히 높아진다. 필자가 오랫동안 일한 금융권의 직장이 이런

[그림 1-7] 탐욕스러운 일자리와 유연한 일자리

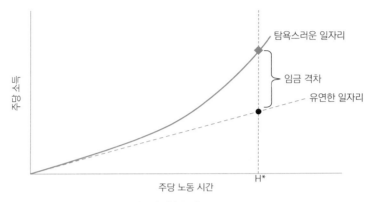

출처: 클라우디아 골딘, 《커리어 그리고 가정》(2021)

형태였다. 월화수목금금토 일정으로 돌아가며, 휴가 중에도 회사에서 오는 전화를 쉼 없이 받아야 했다. 대신 연봉은 높다.

두 번째 일자리(점선)는 '유연한 일자리'다. 회사에 급한 일이 생기더라도 다음 날 출근해서 처리하면 되고, 또 오전에 근무하지 않았다면 오후에 메울 수 있다. 요즘 재택근무 혹은 탄력근무제가 확산되는 중이니 그만큼 유연한 일자리가 많이 늘었다고 볼 수 있다. 다만 이런 종류의 일자리는 임금이 높지 않은 경우가 많다. 같은 회사에 다니더라도 탐욕적 일자리에 비해 시간당 임금이 적고 총액은 더 적다.

탐욕스러운 일자리는 대부분 남성의 몫이다. 왜냐하면 집에 가사노동 대부분을 해결해줄 사람, 아내 혹은 어머니가 있기 때문이다. 반면 여성은 유연한 일자리에 종사하는 경우가 많다. 아이가 아플 때, 재롱잔치를 할 때, 집안에 대소사가 발생할 때 유연하게 일정을 조정할 수 있어야 하니 말이다.

반대로 아픈 아이를 아내에게 맡기고 출근한 남편은 기를 쓰고 노력했을 것이다. 아내에 대한 미안함, 그리고 가족을 부양해야 한다는 의무감이 높아졌을 테니 말이다. 이 결과 '아버지 프리미엄(fatherhood premium)'이 발생한다. 즉 같은 나이대 미혼 남성에 비해 아이를 둔 남성의 소득이 훨씬 높은 현상이 광범위하게 관측된다.[13]

이런 까닭에 선진국의 고학력 여성들은 아예 결혼을 기피했고 저학력 여성들의 결혼율이 월등히 높았다. 그런데 2000년대 들어 이 흐름이 달라졌다. 고학력 여성들의 결혼율이 오히려 더 높아진 것이다. 왜 이런 일이 벌어졌을까?

그 답은 고소득 일자리 몇몇이 유연한 일자리로 변신한 것에서 찾을 수 있다. 미국의 약국을 사례로 이 문제를 살펴보자. 미국 약학대학원 졸업자에서 여성 비중은 무려 70%에 육박하는데, 이런 현상은 독립적인 약국이 줄어들고 체인화가 진행된 데 있다.[14] 과거 미국의 약국은 약사 한 명이 조제 업무를 담당하고 다른 이들이 보조하는 형태였기에 탐욕적인 일자리 모습

을 강하게 보였지만, 이제는 표준화된 업무 프로세스를 갖추고
또 정해진 노동 시간을 충족하면 되는 유연한 일자리로 변신했
던 것이다.

이런 현상은 한국에서도 비슷하게 나타난다. 일단 예전에 남
성의 일자리로 여겨졌던 분야에 여성의 진출이 급격히 늘어나
고 있다. 유연하지만 상대적으로 높은 소득을 올리는 공공부
문 일자리가 집중된 세종시는 인구 1,000명당 신생아가 9.8명
이어서 전국 평균 5.1명의 거의 2배에 달한다는 사실이 이를 잘
보여준다.[15]

그러나 한국은 유연한 고소득 일자리가 많지 않다. 약사와 공
무원, 일부 대기업을 제외하고는 유연한 일자리일수록 낮은 임
금을 감수해야 한다. 특히 남성이 출산 및 육아휴가를 신청할
때는 '커리어를 희생할 각오'가 필요한 경우가 적지 않다. 즉 남
성의 육아휴직은 '이 직장에서 출세하고 싶은 생각 없어요'라는
신호처럼 받아들여지는 것이다.

따라서 한국에서 육아 부담은 고스란히 여성의 몫이며, 이런
문화에서 고학력 여성들이 결혼과 출산에 대해 보수적인 태도
를 취하는 것은 당연한 일이라 하겠다.

가임기 여성 경제활동 참가율
60% 돌파의 의미는?

여기까지 보면 앞으로 한국의 출산율이 반등하기는 쉽지 않을 것이라는 생각이 든다. 그러나 한 가지 큰 변화가 한국에 출현하고 있으니, 바로 30대 여성의 경제활동 참가율이 드디어 60%를 돌파했다는 것이다.

[그림 1-8]은 연도별 경제활동 참가율이고 가로축은 각 시기

[그림 1-8] 한국 여성의 생애주기 경제활동 참가율(2012~2022)

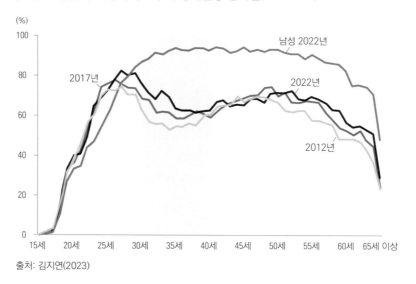

출처: 김지연(2023)

인구와 투자의 미래 확장판

의 연령을 나타낸다. 남성의 경제활동 참가율은 20대 후반부터 높아져 55세 전후까지 유지되는 반면, 여성의 경제활동 참가율은 30대에 급격히 내려간 후 40대에 약간 반등하는 데 그친 것을 발견할 수 있다. 이를 학계에서는 'M'자 곡선이라고 지칭한다.[16] 한국은 오랫동안 'M' 곡선을 유지했는데 2022년에 크게 완화된 것이다.

30대 여성의 경제활동 참가율이 60%를 돌파한 요인은 두 가지다. 첫 번째는 유연하면서도 소득 수준이 높은 일자리가 생기고 이 분야에 고학력 여성이 대거 진출한 것이다. 그런데 이것 못지않게 중요한 것은 30대 고학력 여성이 아예 결혼을 기피하는 것이다. 즉 오랜 기간 쌓은 인적 자원을 활용해 더 많은 소득을 올리기 위해 노력하면서 결혼을 미룬 것이다.

물론 두 번째 요인(만혼)은 단기적으로 출산율을 더욱 떨어뜨리는 요인으로 작용한다. 그러나 30대 여성의 경제활동 참가율 상승은 약 5~10년의 시차를 두고 출산율을 올릴 것으로 보인다. 왜냐하면 경제활동에 참여하는 여성의 숫자가 늘어나는 순간, 유연한 일자리 창출 가능성이 비약적으로 높아지기 때문이다. 즉 20년 전부터 선진국에서 나타난 '탐욕적 일자리의 유연한 일자리 전환'이 한국에서도 가속화될 가능성이 커진다.

실제로 전체 15~54세 기혼 여성 중 경력 단절을 경험한 비율은 2014년 22.2%에서 2021년 17.4%로 크게 줄어들었다.[17] 물론 아직도 결혼과 출산으로 인한 여성의 피해는 적지 않다. 예를 들어 정규직으로 일하던 여성의 거의 40%가 출산 이후 직장을 잃거나 비정규직 또는 자영업으로 전환한 것으로 확인되니 말이다. 여성의 경력 단절이 의미 있게 줄어든다면, 다시 말해 유연한 일자리가 많이 생긴다면 결혼율이 상승할 수 있다는 이야기다.

베이비붐 세대의 은퇴가
노동시장 변화를 촉진할 것!

어떻게 해야 유연한 일자리가 늘어날까?

필자는 58년 개띠를 필두로 한 700만 베이비붐 세대가 은퇴를 시작한 것은 노동시장에 큰 영향을 미칠 사건이라 생각한다. 최근 고용 동향을 보면 2023년 5월 청년층의 실업률이 5.8%로 떨어졌고 대학 졸업 후의 취업 소요 기간도 10.4개월에 불과한 것으로 나타났다.[18] 경기가 좋았던 2022년의 취업 소요 기간이 10.8개월이었던 것을 감안하면 청년층 고용 여건이 얼마나 개선되었는지 알 수 있다.

특히 놀라운 것은 첫 직장의 임금 수준이 높아졌다는 것이다. 월 200~300만 원을 제공하는 일자리 비중은 31.3%이고 300만 원 이상은 4.3%에 달해서 전년보다 2.9%포인트와 0.6%포인트 높아졌다. 반면 150만 원 미만은 단 1년 만에 2.6%포인트나 낮아졌다.

한국의 인력 부족 현상을 가장 잘 보여주는 예가 조선업종의 인력난일 것이다. 2000년대 호황을 누리던 조선업이 10년 넘게 불황의 늪에 빠지면서 많은 근로자가 거제도와 울산을 떠나 다른 곳에서 일자리를 찾았다. 2020년을 저점으로 조선업 경기가 조금씩 살아나고 있지만 이제 그 많던 근로자를 구할 방법이 없어 결국 해외의 저숙련 인력 채용이라는 특단의 대책마저 실행에 옮기는 중이다.[19]

따라서 노동시장의 수요·공급 균형이 바뀐 만큼, 30대 여성 경제활동 참가율이 선진국 수준으로 수렴할 가능성이 높고 또 유연한 일자리도 늘어나리라 생각한다. 여기에 정책당국이 효과적인 저출산 대책을 시행한다면 속도가 더욱 빨라질 것이다. 저출산 대책 부분은 다음 절에서 더 자세히 알아보자.

3

출산율을
끌어올릴 방법은
없을까?

출산율 상승?
쉽지는 않지만 해답은 분명해!

한국의 출산율을 떨어뜨리는 가장 직접적인 원인은 결혼율 하락이다. 과거에 비해 결혼의 난도(難度)가 올라간 데다가 '꼭 결혼해야 한다'는 압박이 약해진 것도 중요한 영향을 미쳤다. 필자가 어릴 적 어머니가 여동생들에게 "여자도 직업이 있어야 한다"라며 공부 열심히 하라고 꾸짖던 기억이 난다. 경제력이 있어야 발언권을 가질 수 있고, 또 마음에 드는 사람이 나타나지 않는다면 혼자 살 수 있어야 한다는 이야기다.

이런 연유로 한국을 비롯한 선진국 대부분의 결혼 건수가 급격히 줄어들고 있다. 이제 결혼은 어쩌면 신분 증명처럼 여겨질 정도가 되었다. 이 영향으로 서구 선진국 대부분에서는 결혼하지 않고 동거하는 커플의 출산 비율이 높아지고 있다. 미국의 전체 출산 중 비혼 비중은 40.2%이고 프랑스와 노르웨이, 스웨덴의 비혼 출산율은 각각 56.7%, 55.2%, 54.6%에 이른다.[20] 반면 한국의 비혼 출산율은 단 1.9%로 세계에서 가장 낮은 수준이다.[21]

그런데 흥미롭게도 미국에 이민을 간 아시아계 여성들도 비혼 출산율이 매우 낮다.[22] [그림 1-9]는 2000~2015년 기준, 미국에 살고 있는 여성의 국적별 결혼 상태 출산율을 보여준다. 이 비율이 100%에 가까우면 결혼 관계에서만 출산하는 것이고, 0%에 가까우면 결혼 관계가 아닌 파트너와의 사이에서 출산하는 것이다. 일본과 한국 등 아시아계 여성의 비혼 출산율이 0%에 가까운 데 비해 흑인 여성의 출산은 약 30%만 결혼 상태에서 이루어졌다.

이런 현상은 결국 문화적 요인으로 보인다. 비혼 관계에서 태

[그림 1-9] 미국 여성의 인종·국적별 결혼 상태 출산율 추이(2000~2015)

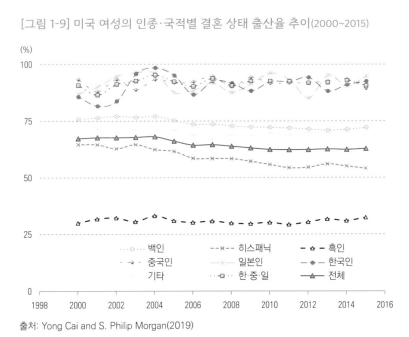

출처: Yong Cai and S. Philip Morgan(2019)

어난 아이를 '사생아'라는 경멸적 호칭으로 부르고 집단 내에서 노골적으로 따돌리는 문화가 아시아계 여성의 비혼 출산율을 낮추는 요인으로 작용했을 것이다.

특히 한국 동거 가구의 36.5%가 경제적 빈곤에 시달리고 있는데도 정부는 '신혼부부'만을 대상으로 각종 복지 혜택을 제공하는 것 또한 문제를 키우는 요인이다.[23] 다행히 정부가 2024년부터 의욕적으로 추진하는 '신생아 특례 대출'은 결혼 여부에 상관없이 2세 미만의 아이를 둔 가정에 최대 5억 원의 저리 대출을 제공하기에, 비혼 커플도 혜택을 본다.[24]

물론 이 조치만으로 한국의 출산율이 크게 회복될 것이라고는 생각하지 않는다. 워낙 사회의 편견이 심한 데다, 아직도 결혼 커플 위주로 각종 지원이 이뤄지고 있기 때문이다. 다만 연간 약 50만 건으로 추산되는 임신 중절 수술의 상당수가 동거 커플에서 이루어지고 있다는 점을 감안할 때, 이런 지원이 확대될수록 출생아가 증가할 가능성이 높다.[25]

특히 중절 수술을 받은 이유를 묻는 조사에 답한 여성의 35.5%가 '경력 단절'을, 그리고 34.0%가 '경제 능력 부족'을 들었다는 점에 주목할 필요가 있다.[26]

자금 지원은
지금 당장이라도 가능해!

경제적인 어려움과 경력 단절에 대한 우려가 임신 중절 수술의 최대 원인인 만큼, 이 문제 해결을 정부가 도와주면 출산율 반등을 유발할 수 있다. 제일 먼저 경제적인 어려움 부문은 얼마든지 해결 가능하다. 한국은 1인당 국민소득이 3만 달러를 넘어서는 고소득 국가로 정부의 재정이 튼튼하기 때문이다.

2023년 기준 94조 1,100억 원의 예산이 지방 교육 재정으로 투입되는데 이 돈을 저출산 해소를 위한 재원으로 활용하면 된다. 최근 서울시 교육청이 발표한 '학교 급별 학령인구 변화 추이' 자료에 따르면 2023년 78만 6,880명인 서울 초중고 학생은 2027년 66만 9,000명으로 줄어드는 데 이어 2035년 42만 1,000명으로 줄어든다.[27] 인구가 집중되고 있는 서울이 이 상황이니 지방은 더 말할 것도 없다. 이 결과, 2022년 말 기준으로 전국 17개 시·도 교육청이 쌓아놓은 기금이 21조 1,792억 원에 이른다.[28]

이 재원을 활용하면 출산 아동 및 가정에 대규모 자금 지원이 가능하다. 2023년 기준으로 아동 1인당 생애에 걸친 총 지원금은 2,700만 원에서 4,297만 원 범위에 걸쳐 있다.[29] 즉 소득 수준이 높은 가정에서 태어난 아동은 2,700만 원을 수령하는 반면, 기초수급 가정에서 태어난 아동은 4,297만 원을 받는 식이다. 그런데 교육 예산을 전용(轉用)하면 아동 1인당 1억 원을 지원해줄 수도 있다. 한 해 20만 명 남짓 태어나니 1억 원씩 주더라도 20조 원이면 충분하기 때문이다. 현재는 '교육교부금법 3조'에 따라 교육 예산은 내국세 총액의 20.79%를 배정하게 되어 있지만 학령인구가 줄어드는 것을 반영해 이 비율을 조정하면 재원 문제는 일거에 해결된다.[30]

물론 "돈을 뿌린다고 출산율이 회복되는가?"라는 반문이 있을 수 있지만 헝가리 사례를 감안하면 충분히 해볼 만한 시도라 생각한다. 유럽연합 회원국의 평균 출산율은 1.59명이지만 불가리아와 헝가리 등 중동부 유럽 국가는 출산율이 낮은 편에 속한다. 2019년 발표된 UN의 인구 동향 데이터에 따르면, 인구 감소 폭이 가장 클 것으로 예상하는 18개 국가 중 절반이 중동부 유럽에 속할 정도다.[31] 특히 헝가리는 1998년 이후 지속적인 인구 감소를 겪고 있고 저출산뿐만 아니라 서유럽으로의 두뇌 유출도 심각한 상태였다.

유럽 국가 대부분은 해외에서 이민을 받아들이는 방식으로 인구 감소에 대응하지만 헝가리의 빅토르 오르반 총리는 반대 입장이었다. 그는 헝가리인의 증가가 중요하다고 판단해서 2019년 ① 아이가 4명 이상인 여성의 소득세를 평생 면제하고

② 40세 미만의 초혼 여성이 아이를 낳기로 약속하는 경우 약 4,000만 원의 대출을 제공하며 ③ 대출받고 5년 안에 1명 이상을 출산하는 경우 대출 이자를 감면하는 한편 ④ 2명을 출산하는 경우에는 대출액의 3분의 1을, 3명 이상을 출산하는 경우에는 대출액 전액을 탕감해주는 강력한 출산 지원 정책을 발표하기에 이른다. 이후 헝가리의 출산율은 2015년 1.2명에서 2022년 1.6명으로 반등하는 데 성공한다.[32]

헝가리 외의 다른 선진국에서도 정부의 자금 지원이 출산율에 긍정적인 영향을 미치는 것을 발견할 수 있다. [그림 1-10]의

[그림 1-10] 주요 선진국 출산율과 GDP 대비 출산 지원금 비율(2007)

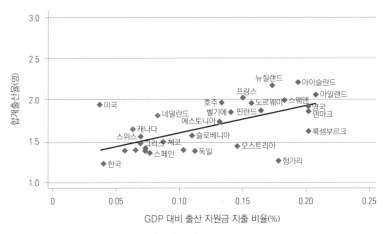

출처: 제임스 량, 《혁신을 이끄는 인구 혁명》(2019)

가로축은 각국 정부의 GDP 대비 출산 지원금 지출 비율이고 세로축은 각국의 합계출산율이다. 한국은 정부의 출산 지원이 가장 적고 출산율도 세계 최저 수준이다. 따라서 한국 정부가 신속하게 지원에 나선다면 출산율 반등을 이끌어낼 수 있으리라 생각한다.

'유연한 일자리 만들기'는 기대만큼 쉽지 않아!

이상의 분석에서 확인되듯, 재정 지원이 적절하게 이뤄지는 것만으로도 출산율 반등이 충분히 가능하다고 본다. 최근 한국 정부가 적극적으로 재정을 사용하기 시작한 것, 그리고 신생아 특례 대출 등의 제도를 도입한 것에서 희망을 찾을 수 있다. 그러나 저출산 대책의 마지막에 해당하는 유연한 일자리 만들기에는 시간이 꽤 걸릴 것으로 보인다.

물론 글로벌 경쟁에서 살아남기 위해 뛰어난 인재를 채용해야 한다는 압박에 시달리는 수출 부문의 일부 대기업은 '군대식' 문화를 바꾸기 위해 많은 노력을 기울이고 있다. 필자가 한국을 대표하는 주요 그룹의 연수원 식당에 들를 때마다 여성 비중이 올라가는 것을 몸으로 느낄 수 있으니 말이다.

그럼에도 코로나 이전에는 변화 속도가 그렇게 빠르지 않았다. 기업들은 1980년대에 채용했던 이들 대부분이 퇴직 연령에 도달한 상황에서 굳이 모험할 이유가 없기 때문이다. 연공서열 시스템으로 인해 20년 이상 근속한 이들의 소득은 신규 입사자의 2.5배 이상에 이른다. 고액 연봉자들이 우르르 퇴직하니 기업은 '시간은 우리 편'이라고 생각하는 것이 어쩌면 당연한 일이다.[33] 물론 대기업 노동조합은 끊임없이 정년 연장을

[그림 1-11] 근속 연수에 따른 임금 추이(2020)

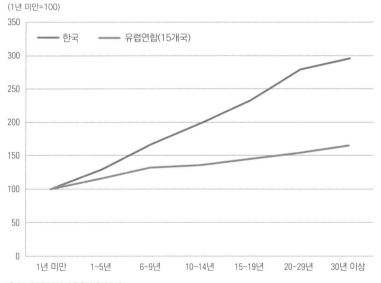

(1년 미만=100)

출처: 한국경영자총협회(2021)

요구해왔지만 기업이 이 요구를 받아들일 가능성은 매우 낮아 보인다.[34]

이와 같은 장애물은 58년 개띠의 은퇴로 사라졌다. 코로나 팬데믹 이후 기업의 이익 수준이 크게 높아진 데다 재택근무 경험도 쌓였기에 이전처럼 근태 관리에 목숨을 걸지 않는다. 필자가 대표로 있는 스타트업만 해도 주 2회 이상의 재택근무를 보장하며 수요일 쉬고 토요일 혹은 다른 날 근무하는 시스템이 갖춰져 있다. 이런 유연한 근무를 보장하지 않으면 유능한 인재를 유치할 수 없기 때문이다. 인재가 부족한 것은 대기업만이 아니다.

30대 여성의 경제활동 참가율이 60%선을 넘어선 데 이어 경제 전체의 인력 부족 문제까지 더해진 만큼, 단 한 가지 요소만 가세한다면 한국은 미국처럼 유연한 일자리 증가가 출산율 상승을 가져올 것으로 기대된다. 단 한 가지 요소는 정부의 인센티브 제공이다.

가장 기대되는 것은 만 8세 이하 또는 초등학교 2학년 이하의 자녀를 둔 근로자들은 재택근무가 가능한 것은 물론 야근까지 면제하는 '육아지원법'이다.[35] 현재는 포스코를 비롯한 일부 대기업만 이 제도를 채택하고 있지만, 법안이 통과된다면 여성의 경력 단절을 막는 데 상당한 효과를 볼 것으로 기대된다.[36]

변화는 턱밑까지 다가온 것 같다. 물론 절대적인 가임 연령 여성 인구의 감소 때문에, 출생아 수가 급격하게 증가하기를 기대하기는 힘들 것이다. 그러나 출산율은 2020년대 중반에는 1명은 물론 일본 수준(2020년 기준 1.34명)까지 회복 가능할 것이라 생각한다.

물론 이와 같은 전망을 '지나치게 낙관적이다'라고 비판하는 이들도 있을 것이다. 그러나 다른 선진국에서 이뤄진 일이 한국에서 반복되지 않으리라고 단언할 필요는 없다고 생각한다.

기회비용 이야기

기회비용이라는 개념을 이해하기 위해 월 소득 255만 원인 독신 남성 A씨의 경우를 생각해보자.[37] A씨는 서울에서 꽤 떨어진 곳에 거주하고 있고 도심에 직장이 있다 보니 출퇴근에 하루 평균 3시간을 소비하고 있다. 현재 전체 소득에서 주거비가 차지하는 비중이 13%이지만 직장과 조금이라도 가까운 곳으로 이사하는 경우 18% 이상으로 상승한다고 가정하면, 그는 어떤 선택을 내려야 할까?

A씨의 소득은 월 255만 원이니 시간당 소득은 1.6만 원이다(160시간 근로 가정). 따라서 가까운 부도심으로 이사하는 것이 답이다. 왜냐하면 부도심으로 이사해서 발생하는 추가 임차료는 월 13만 원이지만 출퇴근에서 절약한 20시간을 금액으로 환산하면 32만 원이기 때문이다. 출퇴근 교통비가 줄어들고, 절약한 20시간을 활용해 다른 일을 할 수도 있다.

만일 A씨의 월급이 320만 원으로 상승하면 어떻게 될까? 시간당 임금이 2만 원으로 높아졌으니 회사가 위치한 도심으로 이주하는 것도 고

[표 1-2] 이사를 고민하는 직장인 A씨의 출퇴근 시간과 월 임차료 조건

	출퇴근 시간(월)	월 임차료(만 원)
매우 가깝다(도심)	30	59
가깝다(부도심)	40	46
멀다(현 주거지)	60	33
매우 멀다	80	20

려해볼 수 있다. 왜냐하면 현 주거지에서 도심으로 이주하는 데 추가되는 주거비는 월 26만 원이지만 통근 시간은 무려 30시간이 줄어들기 때문이다. 임금이 상승하면서 30시간의 가치도 60만 원으로 상승했고 주거비 상승은 26만 원이니 이주하는 것이 이익이다.

이처럼 '기회비용' 개념을 활용하면 경제적으로 합리적인 의사결정이 가능해지니, 이직이나 상급학교 진학 등의 문제를 고민하는 독자들이 한번 시도해보기 바란다.

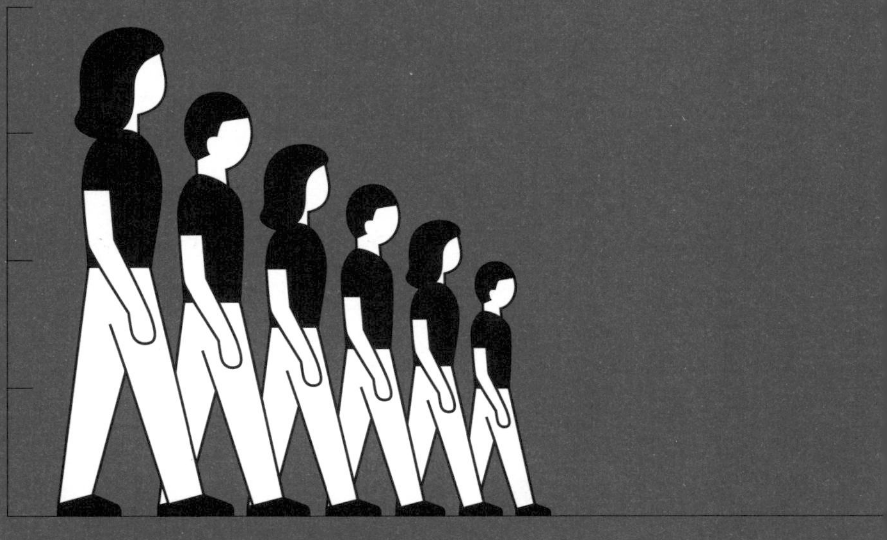

2장

인구와
경제의 미래

1

베이비붐 세대의 은퇴는
금리에
어떤 영향을 미칠까?

베이비붐 세대의 은퇴,
부동산 가격 폭락을 유발한다?

1장에서 저출산 문제를 다루었고 2장에서는 노령화, 특히 베이비붐 세대의 은퇴가 경제에 어떤 영향을 미칠지 살펴보고자 한다.

잠깐 부끄러운 과거를 고백하자면, 필자는 2006년에 '베이비붐 세대의 은퇴로 미국 부동산시장이 붕괴하고 일본형 장기 불황을 겪을 것'이라는 내용을 담은 책을 펴낸 바 있다.[1]

미국 부동산시장을 비관적으로 전망했던 것은 1946~1964년에 태어난 베이비붐 세대의 선두 주자 약 7,800만 명이 은퇴하면서 주택시장의 수급 불균형이 심해질 것이라고 예상했기 때문이다. 특히 미국 부동산 가격이 유례를 찾기 힘들게 급등한 것이 이 책을 집필한 계기로 작용했다.

[그림 2-1]에 나타난 것처럼 미국 부동산시장은 2000년부터 2006년까지 한 해도 빠지지 않고 상승함으로써 소득이나 금리 등 각종 지표로 설명할 수 없는 수준에 도달했다.

소득과 금리에 비해 주택이 어떤 수준인지 평가하는 지표가 '주택구매력지수(Housing Affordability Index)'인데, 이 지수는 2006년에 역사상 최저 수준까지 낮아졌다.[2] 지수가 낮아진 것

[그림 2-1] 전미 주택가격지수와 주택구매력지수(2000~2023)

출처: 세인트루이스 연은(https://fred.stlouisfed.org/graph/?g=1dIPL)

은 주택을 구입할 능력이 있는 사람이 줄어든다는 뜻이니 주택 가격이 더 이상 지탱하기 어려운 수준이라고 판단했다. 특히 60대에 접어들어 은퇴 연령에 이른 미국 베이비붐 세대들이 높은 이자를 내기보다, 주택을 매각하고 그 차액을 활용해 은퇴를 설계할 것이라고 생각한 것도 주택시장 침체를 전망한 근거로 작용했다.

이 책 발간 이후 7~8년은 예상이 맞아떨어졌다. 미국 주택 가격이 2006년 하반기부터 6년 넘게 떨어졌기 때문이다. 그러나 미국 주택시장은 2012년 바닥을 치고 2013년부터 본격적으로 상승했다. 왜 이런 일이 벌어졌을까?

주택 가격 반등 원인은?
저금리!

지난 10년간 미국 주택 가격이 상승한 가장 직접적인 이유는 금리 하락에서 찾을 수 있다. 2008년 글로벌 금융위기 이후 미국 등 전 세계 중앙은행이 제로 금리 정책을 펼치며 부동산 담보 대출 금리(이하 '모기지 금리')가 크게 떨어졌기 때문이다.

부동산시장이 금리에 민감하게 움직이는 것은 어느 나라에서나 부동산이 매우 값비싼 상품인 탓이다. 따라서 주택을 구입하려는 사람들은 모기지 조건을 꼼꼼히 따지기 마련이다. 금리가 떨어졌다 싶을 때는 모기지 대출이 늘어나고, 반대로 금리가 올라가면 모기지 대출이 줄어든다. 그리고 이와 같은 대출 수요의 변화는 곧 주택시장의 수급 균형을 바꿔놓는다.

[그림 2-2]에 이런 흐름이 잘 드러나서, 모기지 금리와 주택 가격이 반대로 움직이는 것을 발견할 수 있다. 물론 주택은 주식과 달리 매매가 쉽지 않으니 금리 상승에 즉각적으로 반응하기보다는 시차를 두고 움직이는 것이 일반적이다. 가계가 어떤

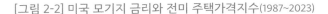

[그림 2-2] 미국 모기지 금리와 전미 주택가격지수(1987~2023)

비고: 음영으로 표시된 부분은 미국이 2분기 연속으로 GDP 성장률 마이너스를 기록한 경기 침체 국면
출처: 세인트루이스 연은(https://fred.stlouisfed.org/graph/?g=19ztr)

금리 수준을 '충분히 낮다'고 판단할지는 그때그때의 사정에 따라 달라지곤 한다. 2023년처럼 미국 경제가 잘 돌아가고 주택 공급이 부족하다고 판단하면, 금리가 높아도 주택 구입 수요가 늘어난다.

미국 부동산시장의 미래는 3장에서 자세히 다루기로 하고 지금은 저금리 현상이 장기간 지속된 원인을 살펴보자.

금리가 떨어진 이유 ①
- 정보통신혁명과 세계화

1990년대 이후 미국 등 선진국 금리가 하락한 것을 둘러싸고 크게 두 가지 설명이 가능하다. 첫 번째는 정보통신혁명과 세계화의 영향으로 경제 전반의 인플레 압력이 낮아졌다는 주장이다. [그림 2-3]은 미국의 노동생산성과 실질임금의 장기 추세를 보여주는데 격차가 점점 더 커지고 있다.[3]

[그림 2-3] 미국의 실질임금과 노동생산성 추이(1947~2023)

(1953/Q3=100)

출처: 세인트루이스 연은(https://fred.stlouisfed.org/graph/?g=1bqzs)

인구와 투자의 미래 확장판

여기서 노동생산성은 시간당 산출물의 양을 측정한 것이다. 경제 전체의 산출물은 국내총생산(GDP)이니, GDP를 모든 근로자의 노동 시간으로 나눈 값이 노동생산성이다. 1990년대부터 반도체 및 통신 기술이 발전하며 전자제품 가격이 급격히 낮아지고 인터넷을 비롯한 새로운 기술들이 시장을 장악하는 과정에서 시간당 산출물의 양이 비약적으로 늘어났다.

물론 모든 나라의 생산성이 향상된 것은 아니다. 이탈리아와 스페인 같은 남유럽 국가는 생산성 향상을 거의 체감할 수 없었다. 예를 들어 올리베티(Olivetti S.p.A.)는 이탈리아에서 1908년 설립된 제조회사이며 명품 타자기를 생산하는 것으로 이름이 높았다. 그러나 1990년대 접어들어 타자기에서 개인용 컴퓨터로 소비자 수요가 이동하는 것에 적응하지 못해 큰 손실을 입었고, 결국 1999년 룩셈부르크에 기반을 둔 벨에 인수되었다가 곧바로 피렐리·베네통 컨소시엄에 팔리는 신세가 되고 말았다.[4]

반면 미국과 한국, 중국처럼 정보통신혁명에 올라탄 나라들은 생산성 향상을 무기로 해서 공격적인 가격 인하를 서슴지 않았다. 가격 경쟁이 가장 치열하게 벌어진 반도체산업에서는 인텔의 창업자 고든 무어가 1965년에 밝혀낸 '무어의 법칙'이 지금까지도 힘을 발휘했다.[5] 무어는 2년마다 집적회로(IC)의 저장 능력이 2배로 늘어난다는 사실을 발견했는데, 성능이 동일한 집적회로를 사용한 제품은 2년마다 가격이 절반으로 떨어진다는 이야기가 된다. 새로운 제품이 2배 성능을 발휘하면 구형 제품의 가격이 낮아지는 것이 당연하기 때문이다.

따라서 반도체 가격은 끊임없이 떨어지고, 반도체를 사용한 가전제품과 자동차가 끝없이 늘어나고 있다. 당장 2020년 코로나 팬데믹 때 반도체 공급이 차질을 빚자 세계 자동차 생산이 중단되었던 것이 이를 잘 보여준다.[6]

정보통신혁명 덕분에 예전에 상상할 수 없을 만큼 성능이 뛰어난 제품을 손쉽게 살 수 있게 되었지만, 이 흐름을 쫓아가지 못한 이들은 큰 고통을 받을 수밖에 없었다. 예전에는 해외에 공장을 건설하는 것이 매우 제한적인 분야에 집중되었다. 인건비 비중이 높고 오래된 기술을 적용하는 섬유와 신발, 의류 같은 산업이 해외 이전의 직접적인 대상이었다. 워런 버핏이 투자했던 섬유회사 버크셔 해서웨이도 갖은 노력에도 불구하고 아시아 신흥 공업국과의 경쟁에서 패퇴해 결국 1985년 완전 철수를 결정한 바 있다.[7]

그러나 섬유, 신발, 의류 산업은 수십 년에 걸쳐 동부 해안 지역에서 내륙으로 생산 설비를 이전하는 등 완만한 변화를 겪었기에, 이 산업에 종사하던 근로자들은 충분히 대비할 시간이 있었다.

반면 정보통신혁명으로 이뤄진 변화는 매우 단기간에, 그리고 급격하게 이뤄졌다. 통신기술과 인터넷 보급으로 대면 접촉 비용이 빠르게 내려가자, 글로벌 기업들은 선진국에 굳이 많은 부서를 두어야 할 이유를 찾기 힘들었던 것이다.[8]

코로나 팬데믹 기간 선풍적인 인기를 끌었던 원격 접속 프로그램 줌(Zoom)이 대표적인 사례가 될 것이다. 필자도 2021년 사업을 본격적으로 시작했지만 전 직원이 한 번에 회사에 모이는 일은 극히 드물었다. 각자의 집에서 얼마든지 일하고, 또 미팅이 필요하다 생각하면 줌 링크를 공유해 정해진 시간에 접속하면 그만이었기 때문이다.

이 비슷한 일이 2000년대부터 세계 주요 선진국 곳곳에서 빠르게 진행되며, 해외로 생산 설비를 이전해야 하는 산업이 끝없이 늘어났다. 가장 대표적인 예가 애플로, 아이폰 겉면에는 'Designed by Apple in California'가 적혀 있다.[9] 일반적인 제품에는 'Made in USA'가 적혀 있는데 애플 아이폰은 캘리포니아의 애플이 디자인했다는 문구가 적혀 있을 뿐이다. 제품의 설계와 디자인은 미국 캘리포니아에서 이뤄졌지만 생산은 중국과 인도 등에서 이뤄지기 때문이다.

애플이 대만의 팍스콘(Foxconn) 같은 생산 위탁회사를 이용하는 것은 비용을 절감할 수 있을 뿐만 아니라, 2018년 중국 정저우 공장에서 벌어진 연쇄 자살 사건 같은 일에 직접 연루되지 않는다는 장점이 있기 때문이다. 당시 중국의 젊은 근로자들은 가혹한 노동과 낮은 임금, 그리고 엄격한 노무 관리 속에 자살이라는 극단적인 선택을 했다. 당시 많은 이가 원청회사인 애플이 아닌 팍스콘만 비판했던 기억이 난다.

저렴한 비용으로 생산비를 절감하는 것은 물론 노사 갈등에 따른 평판 악화 문제도 해결할 수 있으니 해외 생산이 늘어난 것은 당연하다. 여러 학자는 중국 등 신흥국으로의 설비 이전으로 미국에서 사라진 일자리가 직간접적으로 98~200만 명에 달한다고 추산했다.[10]

물론 미국을 비롯한 선진국 근로자들은 이런 상황을 반기지 않았지만 미국의 노동조합 결성률이 2019년 9.9%까지 내려간 상태라 제대로 저항할 수 없었다.[11]

2016년 대통령 선거에서 '반(反)세계화' 깃발을 높이 든 도널드 트럼프 후보가 당선된 이유를 이해할 수 있을 것이다. 정보통신혁명과 세계화 흐름은 선진국 근로자들에게 일대 재앙이었고, 이들이 이민과 생산 시설의 해외 이전을 억제하려는 트럼프 후보를 적극적으로 지지한 것은 당연한 일이었다.

금리가 떨어진 이유 ②
- 노령화에 따른 과잉 저축

1990년대 이후 세계적인 저금리 현상이 출현한 두 번째 원인은 노령화에 따른 세계적인 과잉 저축이다. 미국 전미경제분석국(NBER)의 연구자들은 베이비붐 세대의 거대한 저축이 저금리 현상을 유발한 가장 직접적인 원인이라고 지적한다.[12] 1946~1964년에 태어난 베이비붐 세대 7,800만 명은 2022년에 7,100만 명이 생존해 있고 2050년에도 3,000만 명 이상이 생존할 것으로 예측되는 거대 인구 집단이다.[13] 한국에 58년 개띠가 있다면 미국에는 46년 개띠가 베이비붐의 대표 주자다.

한국의 58년 개띠가 행운의 세대였던 것처럼, 미국 베이비붐 세대도 제2차 세계대전 이후의 장기 성장 국면에 태어나 쉽게 일자리를 찾고 또 가정을 이룰 수 있었다. 특히 소득보다 자산의 성장 속도가 더 빠른 환경이 계속된 것도 베이비붐 세대의 부를 더욱 증폭한 요인이었다.[14] 물론 베이비붐 세대 모두가 공평하게 과실을 누린 것은 아니므로 세대 간 불평등이 매우 크다는 뜻으로 받아들이면 될 것이다.

[그림 2-4]의 ①은 미국에서 45세 이상 가구와 45세 미만 가구의 숫자를 보여주는데 8,000만 대 4,800만으로 나뉜다. ②는

[그림 2-4] 미국 45세 이상과 45세 미만 가구의 순자산 규모(1989~2019)

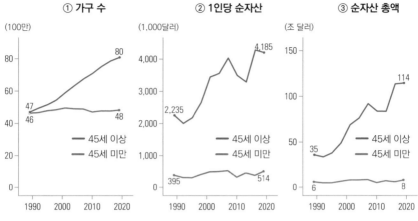

출처: Joseph Kopecky, Alan M. Taylor(2022)

1인당 순자산, 즉 전체 자산에서 부채를 제외한 값을 보여주는
데 10배 가까운 차이가 있다. 마지막으로 ③의 순자산 총액을
보면 45세 이상 가구는 114조 달러인 반면 45세 미만은 8조 달
러에 불과하다.

거대한 순자산을 보유한 고령 가구의 행동은 경제 전반에 즉
각적인 영향을 미친다. 젊을 때는 주식과 펀드 등 상대적으로
위험한 자산을 운용하다가 나이가 들면 예금과 채권 등 안정적
인 자산으로 이동하는 것이 일반적이다. 그런데 한 가지 예외
는 부동산이다. 부동산은 중위험·중수익 자산이지만 거주의 안

정성을 부여하기에, 70대 이후에는 자신이 살던 집에서 여생을 보내는 경우가 일반적이다.[15]

[그림 2-5]의 ①은 미국 전체 가계의 연령대별 주식 보유 비중과 총자산 규모를 보여준다. 총자산은 70대까지 꾸준히 늘어나지만 주식은 50대를 고비로 점점 줄어드는 것을 확인할 수 있다. ②는 주식을 이미 보유한 가계의 총자산과 주식 보유 비중 변화를 보여주는데, 총자산이 70대에 정점을 치고 꺾이는

[그림 2-5] 미국 가계의 연령대별 주식 보유 비중 변화와 총자산

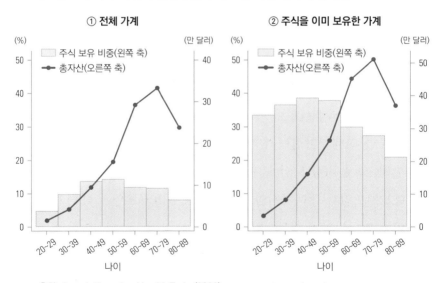

출처: Joseph Kopecky, Alan M. Taylor(2022)

것은 같지만 주식 보유는 40대를 정점으로 꺾이는 것으로 확인된다.

미국 베이비붐 세대의 선두 주자인 1946년생이 이미 70대 후반에 접어들었으니 주식 매도 가능성이 높아진 것은 분명한 사실이다. 특히 미국의 비싼 의료비를 충당하기 위해서는 꾸준하게 이자를 제공해주는 자산을 선호할 가능성이 높다. 따라서 부유한 노인 인구의 은퇴는 경제 전반에 강력한 금리 하락 압력을 가하게 된다.

혹시 미국이
예외는 아닌가?

노인 비중이 늘어남에 따라 시장 금리를 낮추는 현상은 미국에서만 벌어지는 일이 아니다.[16] 자본시장연구원에서 한국을 비롯한 경제개발협력기구(OECD) 21개 나라의 통계를 분석한 결과, 65세 이상 노인 인구가 1% 늘어날 때마다 경제성장률은 0.22%포인트 내려가지만 실질금리도 0.20%포인트 내려가는 것으로 나타났기 때문이다.[17]

인구가 감소할수록, 특히 노동시장에서 은퇴하는 인구가 늘어날수록 경제성장률이 둔화하는 것은 당연한 일이다. 왜냐하

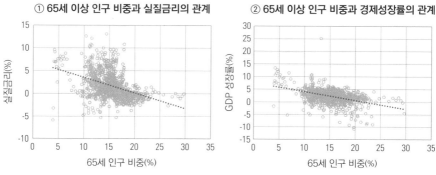

[그림 2-6] 세계 주요국의 65세 이상 인구 비중과 실질금리, 경제성장률의 관계

① 65세 이상 인구 비중과 실질금리의 관계

② 65세 이상 인구 비중과 경제성장률의 관계

출처: 강현주(2022)

면 GDP는 1인당 소득에 인구를 곱해 계산하기 때문이다. 즉 1인당 소득이 아무리 가파르게 늘어나더라도 인구, 특히 생산활동 인구가 줄어들면 GDP 성장률이 높아지기는 쉽지 않다. 그리고 성장률 둔화는 기업과 가계의 자금 수요를 위축시킬 가능성이 높다. 매출 전망이 어두운데 적극적으로 투자하려는 기업은 많지 않을 것이며, 가계는 부채를 줄이고 저축을 늘리는 방향으로 노후를 대비할 것이기 때문이다.

물론 예외적인 나라들도 있다. 당장 미국만 해도 이민 인구의 급격한 증가로 부동산시장이 강력한 붐을 경험하고 있지 않은가.[18] 따라서 시장금리의 하락 경향은 나라마다 다르게 나타날 수 있기에 각국의 상황을 더 분석할 필요가 있다.

한국 노인들은
가난하다던데?

2021년 기준으로 한국의 노인 빈곤율은 37.7%로 OECD 국가 중에 가장 높은 편에 속하기에, 베이비붐 세대의 과잉 저축 시나리오가 빗나갈 수도 있다. 참고로 빈곤율은 중위 소득 대비 50%에도 미치지 못하는 가계의 비중을 나타낸다. 250만 원이 중앙값 소득이니 월 소득 125만 원으로 살아가는 노인 가구가 37.7%라는 이야기다.

그런데 최근 발표된 한국개발연구원(KDI)의 연구는 한국 베이비붐 세대가 생각보다 많은 자산을 보유하고 있음을 보여준다.[19] [그림 2-7]은 한국의 세대별 노인 빈곤율 흐름을 보여주는데, 1930년대 후반 태어난 세대는 빈곤 상태에 놓인 사람이 56.3%인 반면 1950년대 후반에 태어난 베이비붐 세대는 단 18.7%에 불과하다.

베이비붐 세대가 노후 빈곤의 위험에서 상대적으로 자유로운 것은 두 가지 때문이다. 첫째, 베이비붐 세대가 노동시장에 진입했던 1980년대는 한국 경제 역사상 손꼽히는 호황으로 취업이 매우 쉬웠던 것이 결정적이었다. 한국처럼 연공서열이 구조화되어 있는 나라에서는 취직 당시의 노동시장 여건이 매우

[그림 2-7] 한국 세대별 노인 빈곤율(2016~2021)

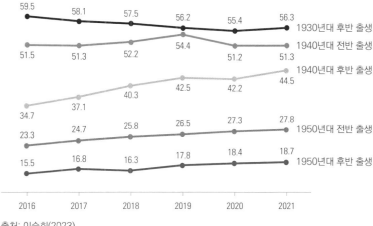

	2016	2017	2018	2019	2020	2021	
1930년대 후반 출생	59.5	58.1	57.5	56.2	55.4	56.3	
1940년대 전반 출생	51.5	51.3	52.2	54.4	51.2	51.3	
1940년대 후반 출생	34.7	37.1	40.3	42.5	42.2	44.5	
1950년대 전반 출생	23.3	24.7	25.8	26.5	27.3	27.8	
1950년대 후반 출생	15.5	16.8	16.3	17.8	18.4	18.7	

출처: 이승희(2023)

중요한데, 베이비붐 세대는 그런 면에서 역대 최고의 행운아였던 셈이다.[20]

더 나아가 교육 수준이 상대적으로 높아 소득 수준 향상은 물론 자산 형성에 유리했다.[21] 이 덕분에 1990년대에 시작된 정보통신혁명과 세계화의 흐름 속에서 한국 베이비붐 세대가 오히려 기회를 누릴 수 있었다. 교육을 잘 받은 이는 변화에 적응할 능력이 탁월하기 때문이다.[22]

이 결과 한국 베이비붐 세대는 그 어떤 세대보다 부유한 듯하다. 2023년 우리은행의 조사에 따르면 서울 부자 300명 중

49.0%가 60대다.[23] 참고로 서울 부자란 금융 자산을 10억 원 이상 보유하고 서울에 거주하는 사람을 뜻한다. 전국으로 범위를 넓혀도 결과는 마찬가지다. 상위 1%의 순자산을 보유한 가구의 연령대별 분포를 살펴보면 50대가 25.3%, 60대가 34.6%를 차지하기 때문이다.[24]

따라서 한국도 베이비붐 세대의 은퇴는 경제 전체의 저축을 늘리는 요인으로 보아야 할 것이다. 다음 절에서는 베이비붐 세대의 은퇴가 불러올 경제 변화, 특히 성장률과 노동시장 문제를 살펴보겠다.

2

베이비붐 세대의 은퇴,
성장률을 떨어뜨린다?

GDP 통계 대신
구매력 평가로

우리는 미국 독주의 시대를 살고 있다. 1990년 이후 달러 기준 GDP 성장률을 조사해보면 중국이 13.0%로 1위를 달리지만,

[그림 2-8] 세계 주요국의 달러 기준 GDP 성장률(1990~2022)

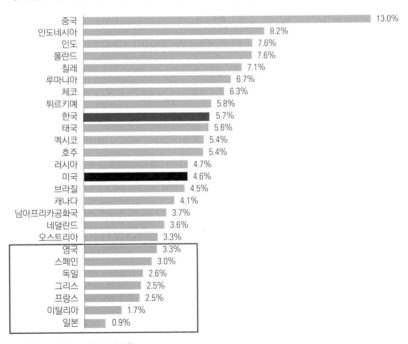

출처: 세계은행, 프리즘투자자문

선진국 중에서는 미국이 4.6%라는 놀라운 성장을 달성했기 때문이다. 특히 '잃어버린 30년'을 겪고 있는 일본의 성장률은 단 0.9%에 불과하다.

이 대목에서 "우리도 일본 꼴 나는 것 아닌가" 걱정하는 독자가 많으리라 생각한다. 그런데 달러로 환산한 GDP 통계에는 몇 가지 문제가 있다. 일단 가장 큰 문제는 환율이 왜곡될 수 있다는 것이다. 일본 엔화 가치가 2022년부터 크게 떨어지면서 일본의 GDP 규모를 크게 축소시킨 면이 있기 때문이다. 이 영향으로 인도의 경제 규모가 곧 일본을 넘어설 것이라는 전망까지 나오는 중이다.[25]

엔화는 지금 역사상 가장 저평가된 상태이기에, 시장 환율을 가지고 어떤 나라의 경제 규모를 측정하는 것은 문제가 있다. 통화 가치의 저평가 여부를 판단하는 가장 쉬운 방법이 바로 구매력(PPP)을 측정하는 것이다. 예를 들어 한국에서 1만 원에 팔리는 맥도날드의 빅맥 햄버거 세트가 일본에서는 8,000원에 팔린다면 일본 엔화의 가치가 원화에 비해 약 20% 저평가된 것으로 볼 수 있다. 이런 식으로 세계 각국의 햄버거 세트 가격을 측정해보면 일본 엔화의 가치는 미국 달러에 비해 43.2% 저평가된 것으로 나타난다.[26]

햄버거뿐만 아니라 커피나 교통요금 같은 재화와 서비스를 대상으로 각국의 구매력 기준 화폐 가치를 측정하면 대체로 스위스와 노르웨이 같은 유럽 국가가 고평가되고 한국과 일본 등 아시아가 저평가된 것으로 나타난다.

국제통화기금(IMF)과 세계은행(IBRD) 같은 연구기관이 각국의 구매력 환율을 측정해 발표하는데, 필자는 세계은행 통계를 활용하려 한다. 세계은행 데이터베이스는 1960년대에서 시작할 뿐만 아니라 세계 각국 통계를 대부분 포괄하는 장점이 있기 때문이다.

서설이 길었다. 구매력 기준으로 각국의 GDP 성장률을 측정한 결과는 [그림 2-9] 와 같다. 달러 기준으로 측정한 경제성장률에 비해 차이가 확연하게 좁혀졌다. 미국의 성장률은 4.6%로 동일한 반면, 일본의 성장률은 2.7%로 높아진다. 참고로 한국의 구매력 평가 기준 성장률은 6.4%로 나타나 한국 경제가 지난 30년 동안 얼마나 대단한 성과를 올렸는지 알 수 있다.

그런데 이야기를 여기서 그치면 안 된다. 왜냐하면 어떤 나라의 성장률보다 사실은 1인당 국민소득의 변화가 더 중요할 것이기 때문이다. 나라가 아무리 성장하더라도 개개인의 소득이 줄어든다면 국민 입장에서는 '경제 성장'이 아니라고 볼 수 있기 때문이다.

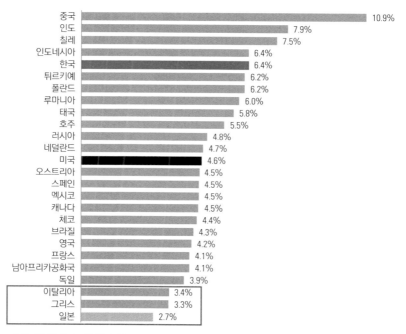

[그림 2-9] 세계 주요국의 구매력 기준 GDP 성장률(1990~2022)

중국	10.9%
인도	7.9%
칠레	7.5%
인도네시아	6.4%
한국	6.4%
튀르키예	6.2%
폴란드	6.2%
루마니아	6.0%
태국	5.8%
호주	5.5%
러시아	4.8%
네덜란드	4.7%
미국	4.6%
오스트리아	4.5%
스페인	4.5%
멕시코	4.5%
캐나다	4.5%
체코	4.4%
브라질	4.3%
영국	4.2%
프랑스	4.1%
남아프리카공화국	4.1%
독일	3.9%
이탈리아	3.4%
그리스	3.3%
일본	2.7%

출처: 세계은행, 프리즘투자자문

1인당 소득의 변화를
측정하면?

이 문제를 감안하여 각국의 1인당 GDP 성장률의 변화를 측정한 결과는 [그림 2-10]과 같다. 일본의 1인당 소득 증가율은

[그림 2-10] 세계 주요국의 구매력 기준 1인당 GDP 성장률(1990~2022)

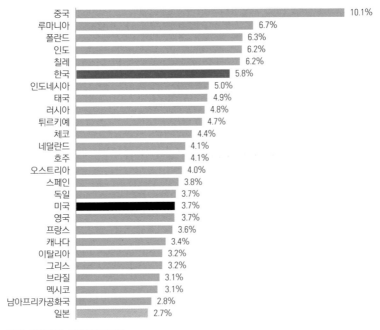

출처: 세계은행, 프리즘투자자문

1990~2022년 연 2.7% 상승한 반면, 미국의 1인당 소득 증가율
은 3.7%로 낮아진다. 즉 미국 경제가 그간 강력한 성장세를 지
속한 것은 해외에서 계속 노동력이 수입되며 인구가 크게 늘어
났기 때문임을 알 수 있다. 특히 미국의 거대한 스타트업 붐을
주도하는 것이 일론 머스크와 세르게이 브린 같은 해외 출신

인재들이라는 점도 놓치지 말아야 할 포인트라 생각한다.[27]

그런데 소득 수준이 이미 높은 나라가 아니면서 성장 부진을 겪는 곳이 몇 나라 더 눈에 띈다. 먼저 브라질, 멕시코, 남아프리카공화국은 1인당 국민소득 수준이 낮은 중진국임에도 심각한 저성장을 기록 중이다. 더 나아가 그리스, 이탈리아, 프랑스, 영국 같은 유럽 국가도 심각한 저성장을 기록해, 2010년 이후 유럽 경제에 다양한 종류의 위기가 발생했음을 짐작할 수 있다.

왜 어떤 나라는 쇠퇴하고
어떤 나라는 번영하는가?

그런데 이 대목에서 한 가지 의문이 제기된다. 왜 어떤 나라는 '인구와 구매력을 감안하고도 성장세를 지속하는가?'이다.

이 의문을 푸는 해답이 OECD가 매년 발간하는 생산성 보고서에 담겨 있다.[28] [그림 2-11] (80쪽)은 1970년 이후 한국의 경제성장률을 핵심 요인에 따라 분해한 것이다. 제일 밑에 있는 진회색 막대는 노동 시간 변화를 나타내고 연회색 막대는 고용 변화를, 마지막으로 보라색 막대는 노동생산성 증가율을 나타낸다. 이 그림을 보면 노동생산성 증가가 한국 경제 성장의 주된 원천으로 부각되었음을 발견하게 된다. 참고로 생산성은 노

[그림 2-11] 한국 경제 성장의 요인 분해(1970~2021)

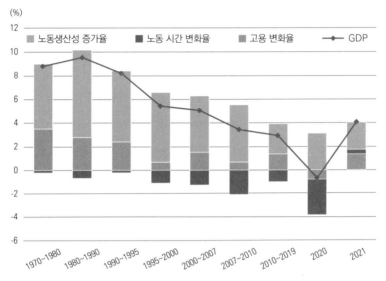

출처: Compendium of Productivity indicators 2023

동 시간당 만들어낸 산출물의 양을 측정한 것이다. 무어의 법
칙이 적용되는 반도체 분야는 가장 생산성이 높은 산업이라고
볼 수 있다.

반면 멕시코의 경제성장률을 분해해보면 [그림 2-12] 처럼
전혀 다른 모습이 발견된다. 노동생산성 증가율(보라색 막대)은
대부분 마이너스 영역에서만 움직이고 경제 성장은 대부분 노
동력 투입(연회색 막대)으로 이루어진다. 노동생산성 향상이 없

인구와 투자의 미래 확장판

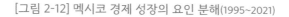

[그림 2-12] 멕시코 경제 성장의 요인 분해(1995~2021)

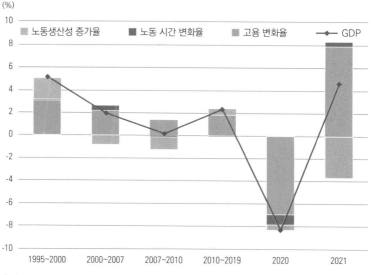

출처: Compendium of Productivity indicators 2023

기에 멕시코 근로자들의 실질적인 생활 수준이 향상될 가능성
은 매우 낮다. 왜냐하면 근로자의 임금은 그의 생산량에 좌우
될 것이기 때문이다.

　만일 어떤 기업이 근로자의 생산성 수준보다 높은 임금을 지
급한다면 기업의 마진이 줄어들 것이고, 더 나아가 새로운 설
비에 투자할 돈이 부족해 경쟁에서 패퇴할지도 모른다. 따라서
기업은 근로자의 생산성 수준에 맞춰 임금을 지급하려 하고,

임금이 생산성보다 더 높게 유지될 경우에는 사업을 접거나 임금이 싼 곳으로 이동하려 들 것이다.

최근 멕시코는 중국에서 이탈한 기업들이 공장을 새로 지으면서 큰 호황을 누리고 있다.[29] 그러나 최저임금이 지난 6년 동안 무려 2.8배 상승한 것을 보면 멕시코의 미래는 그리 밝지 않은 듯하다.[30]

노동생산성을 향상하려면
어떻게 해야 하나?

한발 더 나아가 노동생산성이 어떤 식으로 향상되는지 살펴보자. [그림 2-13]은 한국 생산성 변화를 크게 세 가지 부문으로 나누어 보여준다.

연회색 막대는 기계설비 투입에 따른 효과를 나타낸다. 근로자 100명이 땅을 파고 있는 곳에 갑자기 굴착기 한 대가 추가된다면 시간당 작업량이 10배 이상 높아지지 않을까? 기계설비 투입이 생산성 향상을 유발하는 이유를 금방 짐작할 것이다. 그러나 기계설비 투입만으로 노동생산성 변화를 설명하기는 어렵다. 왜냐하면 기계설비가 투입되는 가운데 생산성 향상 속도가 점점 더 느려질 가능성이 높기 때문이다. 이미 굴착기

[그림 2-13] 한국의 노동생산성 요인 분해(1990~2021)

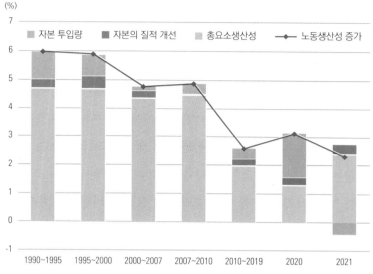

출처: Compendium of Productivity indicators 2023

가 한 대 투입되어 있는데 굴착기가 더 추가된다고 해서 생산성 향상 속도가 처음처럼 높아지기는 힘들다.

따라서 노동생산성이 지속적으로 개선되기 위해서는 다른 요소, 즉 [그림 2-13]에 보라색 막대로 표현된 총요소생산성 (multifactor productivity)의 향상이 필요하다.

총요소생산성은 노동이나 자본의 투입으로 설명할 수 없는 생산 효율의 개선을 뜻한다. 총요소생산성이 개선되면 기업과 국가는 큰 이익을 보게 된다. 추가 비용 투입 없이 생산량이 늘어나니, 제품 가격을 인하해 경쟁자를 압박하거나 마진을 확대할 여지가 생기기 때문이다. 반면 총요소생산성 향상이 없는 나라는 결국 경쟁에서 패퇴할 가능성이 높다.

그럼 어떻게 해야 총요소생산성을 개선할 수 있을까? 첫 번째 방법은 "해보자"라는 분위기를 만드는 것이다. 수많은 경영학 서적에서 기업 구성원의 자발적인 행동을 이끌어내는 것이 성공 비결이라고 강조하는 이유다. 그러기에 인사관리(HR) 부서는 여러 가지 연수를 마련하고 구성원들이 의견을 교류할 기회를 만들기 위해 많은 노력을 기울인다. 특히 스타트업을 경영하는 입장에서 보면 가장 중요한 것은 '적극성을 가진' 인재를 채용하는 것이다. 그리고 적극적인 태도를 가진 이들을 독려하기 위해 스톡옵션 등 다양한 인센티브를 도입한다.

물론 이는 개별 기업의 노력으로 달성 가능한 부분은 아니다. 1980년대 말의 한국처럼 노동조합과 기업의 갈등이 극한 수준에 도달하고 긴 노동 시간의 손실이 발생하는 경우에는 총요소생산성 증가율이 마이너스를 기록할 수도 있다.

두 번째 방법은 기술 수준을 향상하는 것이다. 기술 혁신의 중요성을 이해하는 데는 원유시장의 상황이 도움이 된다. 2021년 기준으로 세계에서 원유가 가장 많이 매장된 나라는 베네수엘라, 사우디아라비아, 이란의 순이다.[31] 그런데 흥미로운 것은 매장량 기준으로 세계 9위인 미국이 세계 1위의 원유 생산국이라는 점이다.

매장량이 상대적으로 적은데도 불구하고 압도적인 생산을 기록한 이유는 바로 기술 혁신이다.[32] 오래전부터 퇴적암(=셰일) 안에 원유와 천연가스가 숨어 있다는 것은 알려져 있었지만 생산이 어렵고 경제성도 떨어져 외면당했다. 하지만 수압 파쇄, 수평 시추 등 새로운 공법이 개발되고 꾸준한 기술 개발로 생산 원가가 낮아지면서 이제는 미국을 세계 최대 원유 생산국이자 수출국 지위에 올려놓는 일등 공신이 되었다.

총요소생산성을 향상하는 마지막 방법은 교육이다. 대학 교육과 직업 교육은 생산의 효율을 향상하는 지름길이다.[33] 교육 수준이 높은 근로자들은 새로운 기계장비 사용법을 손쉽게 습득할 뿐만 아니라, 문제가 발생하더라도 신속하게 대응할 가능성이 높다. 더 나아가 신기술이 도입되더라도 이를 수용하려는 태도를 지닐 가능성이 높다. 특히 어학 실력까지 겸비되면 속도가 더욱 빨라질 가능성이 높다.

한국과 캐나다, 미국의 총요소생산성 향상 속도가 빨랐던 것은 [그림 2-14] (86쪽)처럼 경쟁국에 비해 잘 교육받은 근로자를 적기에 공급받았기 때문이다.

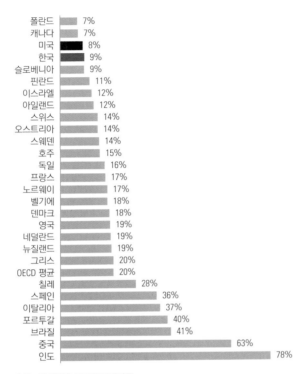

[그림 2-14] 25~34세 인구 중 중등교육 미이수자 비율

국가	비율
폴란드	7%
캐나다	7%
미국	8%
한국	9%
슬로베니아	9%
핀란드	11%
이스라엘	12%
아일랜드	12%
스위스	14%
오스트리아	14%
스웨덴	14%
호주	15%
독일	16%
프랑스	17%
노르웨이	17%
벨기에	18%
덴마크	18%
영국	19%
네덜란드	19%
뉴질랜드	19%
그리스	20%
OECD 평균	20%
칠레	28%
스페인	36%
이탈리아	37%
포르투갈	40%
브라질	41%
중국	63%
인도	78%

출처: 세계은행, 프리즘투자자문

　　이상의 내용을 요약해보면 근로자들의 열의와 기술 투자, 교육 수준이 총요소생산성을 향상하는 결정적인 요소다. 물론 인구 감소의 악영향이 총요소생산성 향상을 상쇄할 수도 있지만 현재까지는 이 가능성이 높지 않은 듯하다.

한국 노동생산성의
미래는?

   2010년부터 2019년까지 10년 동안 한국의 총요소생산성 향상률은 OECD 국가 가운데 단연 1위를 차지했다. 기업과 정부의 기술 혁신, 그리고 뛰어난 인재 육성이 그 놀라운 성취의 뒤

[그림 2-15] 세계 주요 선진국의 총요소생산성 향상률(2010~2019)

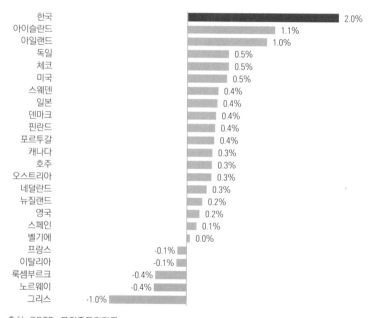

출처: OECD, 프리즘투자자문

를 받쳤음은 물론이다. 그런데 필자는 앞으로 노사관계 역시 크게 개선될 것이라고 기대한다.

왜 그런가? 베이비붐 세대의 은퇴 때문이다. 베이비붐 세대는 1980년대의 호황에 취직했고 1980년대 말 민주노조운동의 주역이다. 성장에 따른 결과의 배분을 요구하는 이들의 주장은 충분히 일리가 있었지만, 1990년대에는 사정이 달라졌다. 10년에 걸쳐 임금이 지속적으로 두 자릿수 상승률을 기록했기 때문이다. 생산성보다 임금 인상률이 더 높아지며 단위 노동비용이 상승하면 기업의 경쟁력이 약화되는 것은 피할 수 없는 일이다. 참고로 1980~1994년의 실질임금, 즉 인플레를 감안한 임금 상승률은 연평균 9.1%에 이르렀다.[34]

임금이 인상된 만큼 생산성이 향상되었으면 좋았을 텐데 상황은 정반대로 흘러갔다. 파업은 1987년 3,749건을 정점으로 조금씩 줄어들기 시작했지만 2016년까지도 대대적인 파업이 끊이지 않고 이어졌다.[35] 특히 파업 대부분이 대기업에 집중되어 생산성 향상의 지체를 가져왔다. 1997년 외환위기 이후 이 현상이 더욱 심화되어 2016년에는 전체 파업의 39.1%가 1,000명 이상 사업장에서 진행되었다.

물론 기업들도 가만있지 않았다. 현대차와 한진중공업 같은 대기업부터 해외로 공장을 옮겼고, 섬유와 의류 등 경공업 부문의 중소기업들은 중국과 베트남 등 인건비가 저렴한 신흥국으로 공장을 이전했다. 이 과정에서 MZ 세대(밀레니얼 세대와 Z 세대)가 가장 큰 피해를 입었다.[36] 아직 베이비붐 세대가 정규직 일자리를 놓지 않은 데다, 해외로 설비가 이전되며 일자리가 크게 줄어들었기 때문이다.

특히 한국 정부가 '고용상 연령 차별 금지 및 고령자 고용 촉진에 관한 법률'을 개정하면서 기존 55~57세이던 정년을 60세까지 연장한 것도 악영향을 미쳤다.[37] 최근 통계청 자료에 따르면 정년퇴직의 혜택을 누리는 근로자의 비율은 단 8.5%에 불과하다.[38] 정부의 정년 연장 정책은 소수의 대기업 정규직 근로자들에게 혜택을 준 대신, MZ 세대에게 열린 '좋은 직장'의 문은 그만큼 좁아지게 했다. 특히 2020년 코로나 팬데믹까지 겹쳐 MZ 세대의 고통은 이루 말할 수 없는 수준이었다. 인터넷에서 '신입에게 경력을 요구하는' 기업들에 대한 분노가 들끓어 오른 것도 이때의 일이다.[39]

그러나 이제 세상이 바뀌었다. 2021년 파업은 단 119건으로 줄었고, 전투적 노동조합 운동의 입지는 급격히 좁아졌다. 따라서 예전처럼 노사 갈등으로 총요소생산성 향상에 차질이 발생하는 일은 줄어들 것이다. 기업 입장에서는 고임금을 누리던 베이비붐 세대가 퇴직한 자리를 신입으로 채우는 것이니 채용이 더욱 적극성을 띨 것이라고 생각한다.

2023년 10월, 우리나라의 고용률이 역사상 최고 수준에 도달한 것으로 나타났다.[40] 2023년 경제가 단 1.4% 성장하는 데 그쳤음에도 고용률이 높아진 것은 베이비붐 세대의 은퇴 외에 다른 원인을 찾기 어렵다.

3

새로운 투자의 시대가
열릴 가능성은?

외환위기 이후
투자 부진의 원인은?

외환위기 이후 한국 경제에 나타난 가장 큰 특징 가운데 하나가 투자 위축이다. [그림 2-16]에서 확인되듯 1990년대 중반까지 정책 자금 지원에 힘입은 공격적인 투자가 한국 기업들의 트레이드 마크였지만 이제는 그 위세를 찾기 힘들다.

기업의 투자가 위축된 가장 직접적인 원인은 외환위기 트라

[그림 2-16] 한국의 GDP 대비 고정투자 비중(1953~2022)

출처: 한국은행, 프리즘투자자문

인구와 투자의 미래 확장판

우마에 있지만, 새로운 변화에 대한 노동조합의 저항도 큰 몫을 했다. 가장 대표적인 예가 전기차로의 전환을 둘러싼 노사 갈등이다.[41]

신기술 도입에 대한 저항은 베이비붐 세대의 노령화가 큰 영향을 미쳤다. 베이비붐 세대가 30대일 때 찾아온 정보통신혁명은 어쩌면 기회로 작용했다. 베이비붐 세대는 해방 세대에 비해 젊고 교육을 잘 받았으니 적응하기가 훨씬 더 쉬웠기 때문이다. 그러나 이들이 50대가 된 이후 찾아온 변화는 수용하기 힘들었다. 힘들게 쌓아온 노하우와 기술을 포기하고 새롭게 출발하기에는 수지타산이 맞지 않았기 때문이다.

따라서 기업들은 국내 공장을 증설하기보다 해외에 생산 설비를 갖추는 편이 훨씬 더 합리적인 선택이었다.[42] 아니면 모듈화 등을 통해 국내 공장의 역할을 가능한 한 줄이는 방식으로 생산 시스템을 재편했다.[43]

모듈화란 엔진이나 새시 같은 핵심 부품을 모두 다른 곳에서 만든 후 공장에서는 단순 조립만 하는 것을 말한다. 다시 말해 자동차회사의 내부 생산 기능을 축소하고 외주하는 셈이다. 이렇게 외주화를 해버리면 만에 하나 파업이 발생하더라도 손쉽게 대체할 수 있다.

더 나아가 해외 공장을 설립할 때도 굳이 높은 숙련 수준을 가진 근로자를 뽑지 않아도 된다. 필자가 10여 년 전 중국 베이징 공장을 방문했을 때 근로자들이 젊고 학력 수준이 높지 않은 것에 깜짝 놀랐는데, 이미 모듈화 흐름이 꽤 진행되었던 것이다.

베이비붐 세대의 은퇴는 이 모든 환경을 바꿔놓았다. MZ 세대는 새로운 기술에 대해 열린 자세를 가지고 있기에, 기업들은 절감된 인건비를 활용해 적극적인 투자에 나설 가능성이 높아졌다. 특히 미래에 노동력을 구하기가 점점 더 힘들어질 가능성이 높다는 것도 투자를 촉진할 가능성이 높다.

불과 10년 전 '이태백(20대 태반이 백수)' 같은 말들이 유행했지만, 최근에는 공무원 시험 경쟁률이 급격히 떨어질 정도로 세상이 바뀌었다.[44]

인력이 부족해지면
기업들은 어떻게 대응할까?

노동력 부족 현상이 가속화되면 기업들은 어떻게 대응할까? 크게 두 가지 대안이 있다. 하나는 노동력을 대체할 기계장비에 투자하는 것이고, 다른 하나는 생산 설비를 해외로 이전하는 것이다. 먼저 전자를 보자.

노동력 부족에 비해 새로 채용되는 인력의 생산성이 더 높다고 가정해보자. 기업들은 현재와 같은 연공서열 시스템을 없애고 업무에 따라 임금을 다르게 받는 직무급제로 전환할 강한 동기를 갖게 될 것이다.[45]

그러나 350개 공공기관 중에 직무급제로 전환한 기관은 2021년 말 35개에 불과할 정도로 노동조합의 저항이 큰 상황이니, 일거에 전환이 이뤄질 가능성은 낮아 보인다. 기업들 입장에서는 기존 임금 제도를 갈아 엎기보다 다른 대안을 찾을 가능성이 높다.

이 문제가 가장 먼저 부각된 것이 바로 18세기 영국이었다. 유럽의 다른 나라가 아니라 왜 영국에서 산업혁명이 발생했는지를 둘러싸고 경제사학계는 오랜 기간 논쟁을 벌였다. 그런데 영국의 역사가 로버트 C. 앨런이 "영국 근로자들의 임금 수준이 높았기 때문"이라고 답함으로써 논쟁의 흐름을 돌려놓았다.[46]

[그림 2-17] (96쪽)은 14세기부터 산업혁명이 진행된 19세기까지 세계 주요 도시 근로자들의 임금 흐름을 보여준다. 산업혁명이 진행되던 1875년의 하루 임금을 보면 영국 런던의 노동자들은 은을 17그램 이상 받았지만 인도 델리와 중국 베이징은 3그램에도 미치지 못했다. 참고로 2023년 말 현재 은 1그램이 1,000원이니 임금 3그램은 3,000원에 불과하다.

[그림 2-17] 세계 주요 도시 근로자들의 하루 임금(은 기준, 1375~1875)

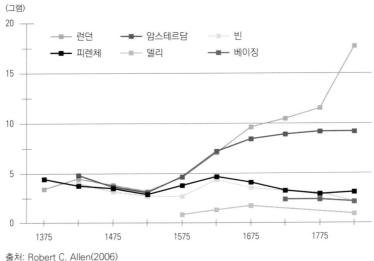

출처: Robert C. Allen(2006)

물론 1875년에는 식량과 주거 비용이 지금보다 낮았다는 점을 감안해야 한다. 따라서 학자들은 생존에 필요한 비용과 임금을 자주 비교하는데, 델리와 베이징 근로자들은 생존을 간신히 이어갈 정도의 임금을 받은 반면 런던 근로자들은 생계 비용의 약 5~6배에 이르는 임금을 받았다.[47]

영국의 기업가들은 높은 임금에 대응하기 위해, 노동력을 절감하는 기계를 도입하는 데 적극적이었지만, 증기기관을 비롯

인구와 투자의 미래 확장판

한 혁신적인 기계는 다른 나라로 빠르게 보급되지 않았다. 근로자들의 임금이 낮으니 굳이 비싼 기계를 도입할 이유가 없었던 것이다. 1780년대 리처드 아크라이트의 혁신적인 기술을 적용한 영국 방적공장의 투자수익률은 연 40%에 이르렀지만, 인도에 설립된 공장의 투자수익률은 1%에도 미치지 못했다고 한다.

물론 기업의 투자를 촉발하려면 기계장비의 가격이 지나치게 비싸지 않아야 한다. 18세기 영국에서는 제임스 와트와 리처드 아크라이트를 비롯한 수많은 발명가가 치열한 경쟁을 벌이면서 이 문제를 해결해주었다. 그리고 최근에는 혁신 산업의 주도권을 둘러싼 경쟁이 치열하게 벌어져 기계장비 가격이 빠르게 낮아지고 있다.[48] 테슬라는 공장이나 가정에서 일하는 로봇 '옵티머스'의 가격이 3~5년 내에 2만 달러 이하가 되리라고 예상한 바 있다.

로봇은 자동차 조립이나 커피 제조처럼 반복 업무를 하는 저숙련 일자리를 대체하는 용도이기에, 너무 비싸면 기업들이 도입할 이유가 없다. 참고로 로봇은 인공지능(AI)으로 작업을 학습시켜야 하니 복잡한 업무보다는 간단한 업무에 적용하기가 훨씬 쉽다.[49]

기계장비 가격은 떨어지는 반면 근로자의 임금이 상승할 때 벌어질 일은 명확하다. 생산성이 높은 근로자는 고숙련·비반복

작업에 투입하고, 저숙련 근로자를 대체하는 용도로 로봇을 투입하는 것이다. 실제로 한국은 세계에서 로봇 도입률이 가장 높은 나라이니 앞으로 이 흐름이 더욱 빨라질 것으로 예상한다.[50]

해외 투자가 예전처럼
활성화될까?

물론 로봇 도입 대신 해외 진출을 모색하는 기업도 적지 않을 것이다. 다만 미·중 무역 분쟁이 나날이 격화되며 한국 기업들이 중국에서 빠져나오고 있음을 감안해야 한다. 2017년 중국의 한한령(限韓令, 한류 금지령) 시행, 2018년 트럼프 행정부의 대중(對中) 관세 부과, 그리고 2020년 코로나 팬데믹 이후 중국의 장기 봉쇄 정책이 결정적 영향을 미쳤다.[51] 더 나아가 조 바이든 정부가 인플레 감축법(IRA Act)과 반도체법(Chip Act)을 제정해 중국산 제품의 미국 수입을 어렵게 만든 것도 탈중국 흐름을 부추기고 있다.

물론 중국에서 빠져나온 기업들이 한국으로 올 가능성은 높지 않다.[52] 왜냐하면 한국의 인건비가 내려가기 힘든 데다, 로봇 같은 기계장비 투자에 부담을 느낄 중소기업이 다수이기 때문이다. 따라서 인건비 부담을 느끼는 중소기업들은 베트남이나 인도 등으로 이전할 가능성이 높으며, 대기업들은 미국으로 투자를 확대할 가능성이 높다. 실제로 미국 경제는 리쇼어링(reshoring, 해외 진출 기업이 국내로 돌아옴) 붐 덕분에 큰 호황을 누리는 중이다.[53]

그러나 미국으로의 리쇼어링 붐이 끝없이 이어지기는 쉽지 않을 것이다. 왜냐하면 미국 제조업 생산성이 지속적으로 악화하고 있기 때문이다.[54] [그림 2-18]은 미국의 전 산업 노동생산성과 제조업 노동생산성의 흐름을 보여주는데, 제조업의 생산

[그림 2-18] 산업 전체와 제조업의 노동생산성 추이(1987~2022)

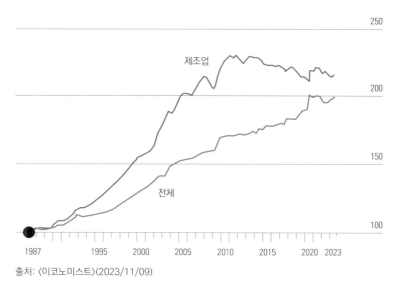

출처: 〈이코노미스트〉(2023/11/09)

효율이 2010년을 고점으로 지속적인 부진에 빠져 있음을 발견할 수 있다. 즉 미국의 혁신을 이끄는 것은 정보통신과 서비스 부문이지, 제조업이 아니라는 이야기다.

왜 미국 제조업은 경쟁력을 잃었을까? 아마 가장 직접적인 이유는 기술인력 부족에서 찾을 수 있을 것이다. 최근 흥미롭게 본 넷플릭스 다큐멘터리 〈아메리칸 팩토리(American Factory)〉 (2019)는 제너럴모터스(GM)가 폐쇄한 오하이오주 데이턴 공장을 인수한 중국 기업이 겪은 일을 다루고 있다.[55]

2008년 데이턴 공장이 문을 닫은 후 데이턴 사람들은 대량 해고에 따른 충격으로 곤경에 처하지만, GM에 차량용 유리를 납품하던 중국 기업 푸야오(Fuyao)가 공장을 가동하면서 일자리를 찾을 수 있었다.

그러나 오랜 실직 상태에서 벗어나 푸야오에 고용된 근로자들은 새 직장의 낮은 임금 수준은 물론 중국 근로자들의 높은 생산성 수준에 큰 충격을 받는다. 특히 푸야오 중국 본사를 방문한 근로자 대표들은 중국 근로자들의 강력한 규율과 노동 강도에 충격을 받아 노동조합을 설립하기 위해 노력하고, 푸야오는 노조의 설립을 막기 위해 컨설턴트를 고용하기에 이른다.

이것을 푸야오만의 문제로 보기는 어렵다. 최근 대만 반도체 회사 TSMC가 애리조나주에 공장을 짓다가 가동을 연기한 것도 역시 인력 부족 때문이었다.[56] 반도체 인력 문제에 대응하기 위해 TSMC는 대만에서 전문 인력 500명을 파견하기로 결정했는데, 이렇게 되면 미국 공장의 수익성은 더욱 악화될 것이다. 대만에 공장을 짓고 반도체를 생산하는 것이 훨씬 싸니 미국 공장을 키울 이유를 찾기가 힘들어진다.

물론 한국과 대만은 입장이 다르다. 한국은 선제적으로 대미 직접투자를 크게 늘렸기 때문이다. 반도체와 이차전지 등 미국 시장 공략을 위한 투자, 그리고 상대적으로 현지 인력풀이 충

[그림 2-19] 한국의 대중 & 대미 직접투자 추이(1990~2022)

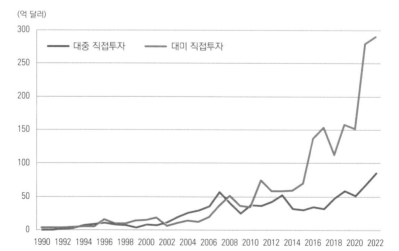

출처: 한국수출입은행, 프리즘투자자문

분한 자동차산업 등이 주된 투자 대상이었다.

따라서 앞으로 한국 기업들은 투 트랙 전략을 쓸 것이라 생각한다. 대미 직접투자에 치중하는 동시에, 국내에서는 로봇을 비롯한 기계장비 투자를 늘리는 것이다. 투자의 테마로 로봇 주식의 매력을 설명하기는 어렵지만 미래 성장을 주도할 부문이 될 것만은 분명해 보인다.

4

만성적인
내수 부진 위험!

내수 경기는
만성적인 부진의 시대로?

이 대목에서 "노인 인구 증가가 내수 경기를 위축시킬 가능성은 없는가?"라는 의문을 지닌 독자가 적지 않을 것이다. 필자도 이게 제일 걱정이다.

베이비붐 세대가 본격적으로 은퇴하기 시작한 2010년대 후반부터 노인 가계의 소비 성향, 즉 소득 대비 소비 비중이 크게 떨어지고 있다.[57] 노인들이 지갑을 닫는 가장 직접적인 이유는 전체적인 소득 증가가 지체되기 때문이다.[58] [그림 2-20]이 보여주듯, 2022년 65세 이상 가구의 중위 소득은 2,522만 원으로, 50대 6,664만 원의 3분의 1 수준에 불과하다. 이런 일이 빚어진 이유는 두 가지다. 하나는 노후 대비가 불충분한 것이고, 다른 하나는 자산 대부분이 부동산에 묶여 있는 것이다.

"어떻게 노후를 준비하는가"라는 질문에 대해 59.1%가 국민연금이라고 답했다.[59] 그러나 55세 이상 노령층의 국민연금 평균 수령액은 55만 원에 불과해서 '용돈 연금'이라는 비아냥의 대상이 되고 있다.[60] 정부는 주택연금 제도를 도입함으로써 집에 묶인 돈을 소비로 전용할 수 있게 유도하는 중이다. 그러나 한국 노인 가계의 주택연금 가입률은 여전히 낮고, 나이가 들

[그림 2-20] 한국 가계의 연령대별 경상소득(중위 소득) 추이(2017~2021)

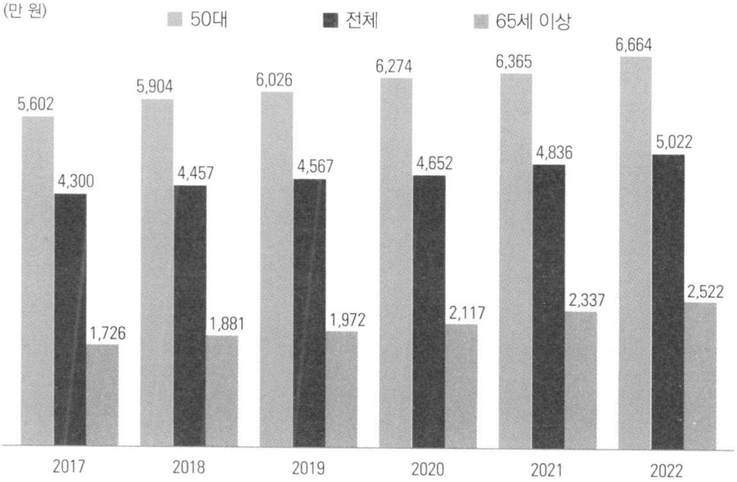

(만 원)　　　　■ 50대　　　■ 전체　　　■ 65세 이상

	2017	2018	2019	2020	2021	2022
50대	5,602	5,904	6,026	6,274	6,365	6,664
전체	4,300	4,457	4,567	4,652	4,836	5,022
65세 이상	1,726	1,881	1,972	2,117	2,337	2,522

출처: 통계청, 금융감독원, 한국은행(2022)

수록 자가 보유율이 상승한다.[61] 이런 현상에는 집에 대한 집착 뿐만 아니라 주택 가격 상승에 대한 기대가 복합적으로 작용하는 것 같다.

　노인 가계의 소비가 위축된 또 다른 이유는 기대수명, 즉 태어났을 때 예상되는 평균 생존연수가 급격히 연장된 것이다. 한국인의 기대수명은 1970년 62.3세에 불과했지만 2020년에는 83.5세가 되어 세계 최고 수준이 되었다.[62] 반면 건강수명, 즉 질병이나 장애를 가지지 않는 기간은 66.3년으로 기대수명보다 약 17.2년 짧아, 생각보다 오랜 시간 동안 치료비 지출이 발생할 수 있다는 공포가 노인 가구를 억누른다. 따라서 노인 가구의 소비 부진 흐름이 바뀌기는 어려워 보인다.

외국인 관광객이
내수를 부양할 가능성은?

전체 인구에서 65세 이상 노인 인구가 차지하는 비중이 빠르게 높아지는 흐름을 감안할 때, 내수에 빨간불이 켜진 것은 분명하다. 다만 내수 경기에 희망이 없는 것은 아니다. 예를 들어 2010년대 중반처럼 중국 관광객이 대거 한국을 방문하면서 내수 경기를 끌어올릴 가능성을 배제할 수는 없다. 그러나 [표 2-1] 에서 나타나듯 아직은 그 기대가 현실이 되지 않을 듯하다.

2023년 4~6월 한국을 찾은 관광객은 252만 3,000명으로, 코로나 팬데믹 이전 2019년 2분기 관광객 431만 7,000명의 58%에 불과하다.[63] 국적별로는 중국이 39만 7,000명에 그쳐, 2019년의 28% 수준에 머물렀다. 반면 호주인은 2019년에 비해 13% 늘었고 독일과 프랑스, 몽골의 입국자는 각각 21%와 25%, 32% 증가해 대조를 이루었다.

중국 관광객의 급격한 감소는 국수주의적인 분위기가 강화

[표 2-1] 2019년 2분기와 2023년 2분기의 국적별 입국자 현황

(단위: 만 명)

	2019년 2분기	2023년 2분기		2019년 2분기	2023년 2분기
일본	85.1	50.6	독일	2.9	3.5
중국	142.7	39.7	프랑스	2.8	3.5
홍콩	19.2	9.8	러시아	7.9	3.0
싱가포르	6.4	9.3	중동	5.8	4.5
대만	33.0	24.1	인도	2.5	2.0
태국	14.3	10.5	필리핀	10.3	5.7
말레이시아	9.4	5.8	인도네시아	6.1	5.2
호주	4.6	5.2	베트남	15.0	9.3
미국	28.7	30.9	몽골	2.5	3.3
캐나다	5.3	5.3	기타	23.5	17.9
영국	3.7	3.3	합계	431.7	252.3

출처: 한국문화관광연구원

된 데다가 한국 상품에 대한 불매가 지속되기 때문이라 생각된다. 따라서 한국 관광의 미래는 중국보다는 서구권과 동남아 지역에 달려 있는 게 아닌가 싶다. 필자는 매년 연초 해외에서 '한 달 살기'를 하며 책을 쓰곤 하는데, 방문할 때마다 한식에 대한 관심이 올라가는 것을 느낀다. 한식 중에서도 김밥이나 라면, 만두 같은 분식의 인기가 폭발적이니, 이를 잘 활용하면 충분히 여행산업 성장이 가능하리라 기대한다.

그러나 2020년 코로나 팬데믹 직전, 전체 소비의 약 4.4%가

해외에서 발생한 것도 감안할 필요가 있다.[64] 국내 입국자 증가보다 해외 출국자 증가가 더욱 빠를 수 있다는 얘기다. 소득 수준 향상과 사회관계망서비스(SNS) 확산, 외환 자유화 등이 지속되는 만큼 해외 소비가 더 크게 늘어날 여지가 큰 듯하다.

건설 경기가 살아날
가능성은 없나?

노인 가구의 소비 위축과 해외여행 붐 외에 건설산업 전망이 밝지 않은 것도 걱정거리다. [그림 2-21]에서 보이듯 건축 부문은 앞으로도 가구 수 증가의 혜택을 받을 것으로 기대되지만, 토목 부문은 성장의 한계에 부딪힐 가능성이 높다. 참고로 건설 기성은 특정 시점까지의 시공 실적을 말하며, 건설업체가 공정률에 따라 기간별로 나눠 받는 공사비가 건설 기성액이다.

인구 감소와 노령화 속에서 도로와 철도 등 주요 사회간접시설의 신규 투자 수요가 줄어들 가능성이 높은 데다, 1967년 경부고속도로 건설로 시작된 격자형 고속도로망이 완성을 앞두고 있다는 점을 감안해야 한다. 실제로 한국 정부의 사회간접자본(SOC) 예산 비중은 2008년 8.5%를 정점으로 계속 감소하고 있으며, 2024년에는 4%에도 미치지 못한다.[65]

[그림 2-21] 한국 건설 기성액 추이(1998~2022)

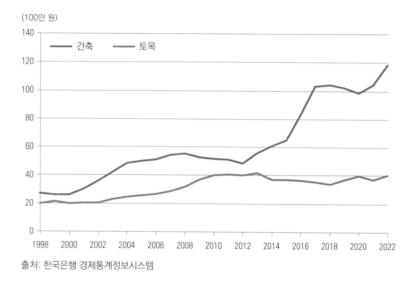

(100만 원)

출처: 한국은행 경제통계정보시스템

　특히 지방 인구의 감소 속에 이뤄진 사회간접자본 투자의 효율이 낮다는 문제가 부각되고 있다. 일부 토목 프로젝트가 예비 타당성 조사 면제를 통해 추진되고 있지만 조세 부담의 대부분을 지는 수도권 부유층의 반발이 만만치 않다. 예비 타당성 조사란 대규모 신규 사업에 예산을 편성하기 전에 경제성을 평가하는 것인데, 한국개발연구원이 수행하며 비용 대비 수익이 1.0선을 넘어야만 사업이 진행된다. 물론 예비 타당성 조사를 면제받는 프로젝트가 계속 이어지겠지만, 과거에 비해서 대규모 토목 프로젝트의 시행이 점점 줄어들 것이다.

유일한 희망은
노동시장 양극화 해소

노인 세대의 소비 부진, 해외여행 활성화, 토목 투자 위축의 영향으로 내수 경기는 장기 침체 흐름이 예상된다. 다만 한 가지 희망이 있다면 한국 노동시장의 이중 구조가 완화되며 생산활동인구의 소비가 증가하는 것이다.

지금까지 한국은 특유의 연공서열 제도를 유지했다. 연공서열은 근속연수나 나이가 늘어나면서 지위가 올라가는 제도로서, 젊은 근로자들은 능력이 있어도 낮은 연봉을 받는 반면, 나이 든 근로자들은 능력에 상관없이 높은 연봉을 받는다. 이런 불합리한 제도가 도입된 것은 1960~1970년대 한국 기업들이 돈이 없는 데다가 숙련 근로자도 크게 부족했기 때문이다.

이 문제를 해결할 목적으로 한국 기업들은 대규모 공채를 통해 구직 희망자를 모집한 후 이들을 솎아내는 과정을 거쳤다. 경제 내에서 기업이 가장 선도적인 기술과 노하우를 보유한 상황에서 자사의 기술을 적극적으로 배우려는 근로자들만 골라서 채용하는 것이다. 얼마 전까지 모 금융회사와 대기업이 가

혹한 신입사원 연수를 진행한 데는 이런 배경이 있다.[66]

그런데 이와 같은 시스템은 근로자들을 매우 고통스럽게 한다. 신입사원 연수가 가혹하고 사사건건 무시하고 가르치려 드는 고참이 즐비한 직장은 '군대'를 연상시키기 때문이다. 필자가 1990년대 중반에 모 금융회사에 다니던 시절, 끊임없이 가스라이팅하던 상사들은 1960년대부터 형성된 연공서열 기업 문화가 뼛속 깊이 물든 이들이었다. 따라서 신입사원들은 강한 이직 욕구를 느낄 가능성이 높은데 이에 대한 보상이 바로 '연공서열 임금'이었다. '나이 먹으면 더 높은 임금과 직위를 가질 수 있다'는 당근이 근속을 유지하는 중요한 요인이었다.

연공서열 시스템이 정착된 또 다른 배경은 1960~1970년대 한국 기업들이 후한 임금을 지급할 여력이 없었던 데서 찾을 수 있다. 막 산업화를 시작하며 정부로부터 저금리의 수출금융을 지원받은 기업들은 고속 성장의 기회를 잡았지만, 역대 정부는 성과를 내지 못하는 기업에 가혹한 채찍을 휘둘렀고 실제로 국제상사와 동명목재 등 수많은 기업이 파산 혹은 합병 같은 구조조정의 대상이 되었다.[67]

따라서 기업들은 성과를 내기 위해 치열하게 고민했으며, 이 과정에서 비용 통제는 대단히 중요한 요소였다. 그 일환으로 인력을 채용할 때, 초기에는 임금을 적게 주지만 나중에 기업

규모가 커지면 높은 임금으로 보상하겠다는 일종의 '약속'을 통해 잘 교육받은 인력을 채용했던 것이다.

산업화 초기에 이 전략은 아주 잘 맞았다. 기업은 저렴한 비용으로 뛰어난 인재를 고용할 수 있었고, 근로자들은 자신의 노고가 미래에 보답받을 것임을 선배들을 보고 믿을 수 있었다. 그러나 이 시스템은 1997~2000년에 무너졌다. 외환위기로 많은 기업이 파산하고 정리해고를 단행했으며, 운 좋게 살아남은 기업의 근로자들은 노동조합으로 똘똘 뭉쳐 어떤 변화도 수용하지 않고 저항했다. 이 결과 한국은 세계 최악의 노사 관계를 가지게 되었다. 정규직 근로자들은 지나치게 보호받는 반면, 노동조합의 밖에 있는 근로자들은 동일한 노동을 하더라도 낮은 소득과 장시간 근로에 시달려야 했다.[68]

그러나 이런 식의 노동시장 구조가 더 이상 유지되기는 어렵다. 가혹한 신입사원 연수와 지속적인 상사의 잔소리를 견디려는 구직자가 날로 줄어들었고, 특히 어학 능력이 전보다 향상됨에 따라 해외 경쟁사로 이직하는 사람이 늘어났기 때문이다. 따라서 최근 한국의 주요 기업들은 공채를 폐지하는 한편, 수시 채용 시스템을 통해 기존의 임금 체계와 상관없이 근로자들을 채용하는 것이 일반화되고 있다.[69]

그뿐만 아니라 2020년 코로나 팬데믹을 지나며 재택근무를 비롯해 다양한 유연근무가 도입되기 시작했고, AI와 로봇을 비롯한 신기술 도입도 노동시장의 변화를 촉진하는 요인으로 작용하고 있다. 따라서 앞으로 노동시장은 과거에서 벗어나 '어떤 분야에서 어떤 일을 하느냐'에 소득이 좌우되는 방향으로 이동하리라 생각한다.

이 같은 변화는 사회의 중위 소득을 높이는 결과를 가져올 것이다. 한국은 평균 소득과 중위 소득의 차이가 꽤 큰데, 이는 최상위 10% 근로자의 소득이 생산성에 비해 매우 높기 때문이다. 그러나 연공서열이 무너지는 과정에서 성장의 파이가 중간층 근로자들에게도 점점 더 확산되리라 생각한다. 실제로 2020년을 고비로 불평등이 완화되는 현상이 관측된다.

최근 한국개발연구원의 조사에 따르면 한국 중산층(중위 소득의 50~150%를 버는 사람) 비율이 크게 증가했다. 특히 중위 소득의 50%에 미치지 못하는 소득으로 살아가는 빈곤층의 비중은 2011년 18.6%에서 2021년 15.1%로 줄어들었다. 특히 중위 소득의 75~200%에 해당하는 핵심 중산층 비중(61.1%)은 미국(51.2%), 이탈리아(58.6%), 영국(58.3%) 등 상당수 선진국보다 높다.

앞으로 정부가 저출산·고령화 문제에 대처하기 위해 적극적으로 재정을 집행하고, 교육 부문에 과도하게 배정된 자금을 적절하게 배분한다면 국민의 행복감은 더욱 올라갈 것이다.

실질금리와 물가연동채권 이야기

실질금리는 명목금리에서 인플레율을 차감해 계산하는 게 일반적이지만 물가연동국채의 이자율을 활용하기도 한다. 신흥국 투자의 구루로 손꼽히는 마크 모비우스 템플턴자산운용 이머징마켓그룹 회장이 펴낸 《채권투자 기본개념 Q&A》에 다음과 같은 대목이 있다.[70]

> 인플레이션은 채권의 가치를 갉아먹는 가장 큰 적이므로 이에 대비해서 1997년에 만들어진 채권이 TIPS(물가연동국채)다. 물가연동국채는 원금이 소비자물가지수(CPI)에 따라 조정된다. 이자는 6개월마다 지급되며 만기는 5년, 10년, 30년 등으로 매우 다양하다. 표면금리는 변함없지만 원금은 소비자물가지수에 따라 1년에 두 번 조정된다. 따라서 물가연동국채는 실질가치가 그대로 유지된다.
>
> 만기가 되면 조정된 원금과 최초의 원금 중 큰 금액이 상환된다. 이 차익 덕분에 인플레이션을 방어할 수 있다. 이 채권은 원금이 변동하므로 이자도 변동한다.

예를 들어 표면금리가 4%인 물가연동국채 1,000달러를 보유하면 6개월마다 20달러씩 연간 40달러의 이자를 받는다. 소비자물가 상승률이 5% 상승하면 원금도 1,050달러로 증가한다. 그러면 연간이자가 42달러로 증가한다.(1,050달러×4%=42달러)

디플레이션이 발생하면 원금이 감소하지만 최초 원금보다 작아질 일은 절대 없다. 대신 물가연동국채는 인플레이션을 방어한다는 장점이 있으므로 만기가 비슷한 다른 국채보다 표면금리가 낮다.

예를 들어 원금 100원에 매년 3원의 이자를 지급하는 물가연동국채가 발행되었다고 가정하자. 그런데 이해에 소비자물가가 10% 상승하면 이 물가연동국채의 원금은 110원으로 인상된다. 즉 인플레가 발생한 만큼 미래에 받게 될 원금이 동일하게 상승하는 셈이다. 따라서 물가연동국채의 금리는 '실질금리'의 성격을 띠게 된다. 인플레를 감안하고도 받을 수 있는 이자율이 되기 때문이다.

이런 장점이 있는 대신 물가연동국채는 만기가 비슷한 다른 국채보다 표면금리가 낮다. 종종 경제학자들이 '실질금리가 마이너스 레벨에 도달했다'고 이야기하는 것은 물가연동국채의 금리가 마이너스까지 떨어졌음을 지적한 것으로 볼 수 있다.

[그림 2-22] 미국 10년 만기 물가연동국채 금리(2003~2022)

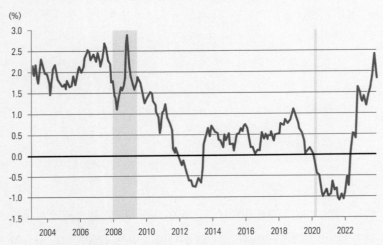

출처: 세인트루이스 연은(https://fred.stlouisfed.org/graph/?g=19xdu)

인구와 투자의 미래 확장판

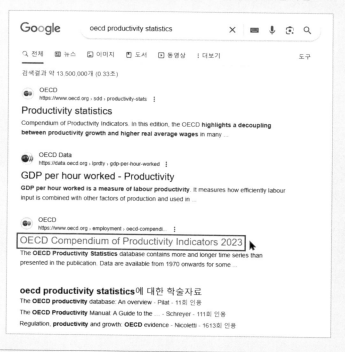

한 걸음 더-2

한국의 총요소생산성
통계 찾는 법

구글에서 'oecd productivity statistics'로 검색한 다음 'OECD Compendium of Productivity Indicators 2023' 항목을 클릭한다.

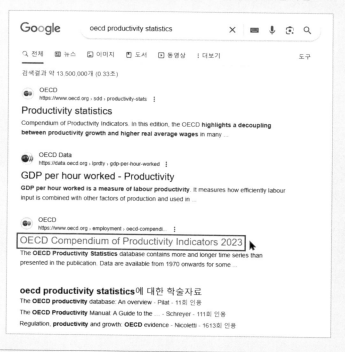

아래와 같이 새로운 화면이 펼쳐지면 이 가운데에서 'Read Online' 항목을 클릭한다.

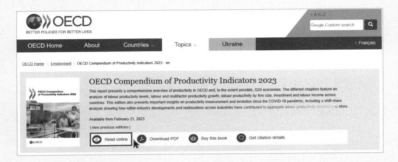

새로 열린 화면의 왼쪽 탭 중에서 '3. Productivity and economic growth'를 클릭한다.

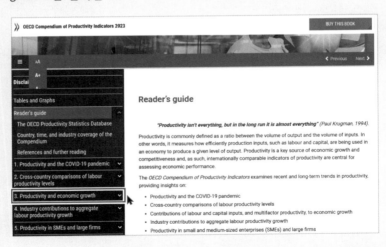

이제 우리가 원하는 것이 나온다. 왼쪽 탭에서 'GDP growth: contributions from labour, capital and multifactor productivity' 항목을 클릭하면 국가별 생산성이 비교된 그래프가 뜨고, 'Export'를 클릭하면 데이터를 다운받을 수 있다.

세계화로 잃어버린
일자리는 몇 개일까?

미국의 스타 경제학자 데이비드 오터는 2016년 발간된 논문을 통해 "중국과의 교역 확대로 제조업이 밀집한 미국 중서부와 동남부 지역의 고용이 감소했으며, 그 규모는 직간접적으로 98~200만 명에 달한다"라고 주장했다.[71]

[그림 2-23]에서 짙은 색으로 표시된 영역이 중국과의 교역 확대로 큰 피해를 입은 지역이고, 옅은 색으로 표시된 곳은 상대적으로 타격이 덜한 곳이다. 미시시피강 연안부터 오대호 연안에 이르는 산업 지대가 가장 큰 영향을 받았고, 이 지역은 2016년 트럼프 대통령을 지지하며 '반자유무역' 정책을 시행한 바 있다.

인구와 투자의 미래 확장판

[그림 2-23] 자유무역의 피해가 집중된 지역

밀레니얼 세대와 Z 세대의 정의

세대를 구분하고 정의하는 것은 주로 미국에서 이뤄졌다. 베이비붐 세대는 1946~1964년에 태어난 사람을 가리키고, X 세대는 1965~1980년에 태어난 사람을 가리킨다. 밀레니얼 세대는 1981~1996년, 마지막으로 Z 세대는 1997~2012년에 태어난 사람으로 정의된다.

[그림 2-24] 미국의 세대 정의

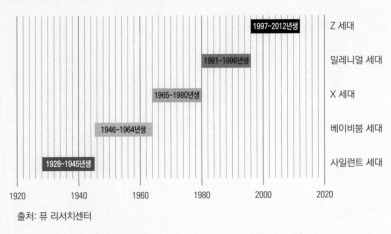

출처: 퓨 리서치센터

그러나 한국의 신생아 출산 흐름을 보면 미국의 정의를 그대로 적용하기가 힘들다. 1997년 이후에는 이렇다 할 출산 붐이 관측되지 않기 때문이다. 따라서 한국에서는 밀레니얼 세대와 Z 세대를 묶어서 MZ 세대로 부르고, Z 세대에 대한 담론이 그다지 활성화되지 않았다. 빨리 출산율이 반등해 미국처럼 뚜렷한 세대 구분이 가능하기를 바란다.

[그림 2-25] 한국의 신생아 추이

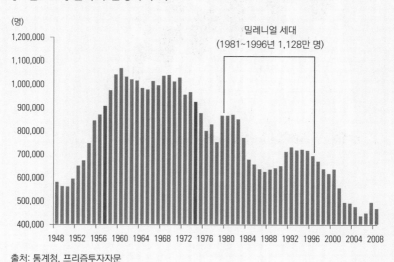

출처: 통계청, 프리즘투자자문

3장

인구 감소 시대,
중국와 일본의 미래는?

1

중국발 인플레?
No! 중국발 디플레!

저렴한 노동력이 고갈되면
중국이 인플레를 수출한다?

베스트셀러《인구 대역전》의 저자들은 중국이 노령화됨에 따라 인플레가 촉발될 것이라고 예견한다.[1]

중국의 생산활동인구가 줄어들고, 고령인구가 급격히 증가하고 있다. (중략) 농촌에 남아 있는 노동력의 도시 이주가 더 이상 경제적으로 순이익을 제공하지 않는 단계에 봉착했다.

농촌 지역의 풍부한 노동력 공급이 끝나고 임금이 상승하며 외국인 투자자들이 중국을 떠나는 과정에서 강력한 인플레가 발생할 것이라는 주장이다.[2]

이 논리대로라면 2010년대부터 중국 생산활동인구(15~64세 인구)가 줄어들고 임금이 상승하며 강력한 인플레가 출현했어야 한다. 그러나 [그림 3-1]에서 보듯 인플레는커녕 초유의 디플레이션이 중국 경제를 덮치고 말았다.[3]

《인구 대역전》의 예측이 빗나간 이유를 살펴보자.

[그림 3-1] 중국 생산활동인구 비중 변화와 인플레 추이(1960~2022)

출처: 세계은행, 프리즘투자자문

국영기업 주도의 경제 성장은
왜 디플레를 일으키나?

2000년대 중반 인건비 상승을 계기로 외국인 직접투자가 급격히 감소하자 중국 정부도 비상이 걸렸다. 수출의 60% 이상을 외국 투자 기업이 주도하니, 투자 감소로 중국 경제의 장기 부진이 발생할 위험이 있기 때문이다.[4]

그러자 중국 정부는 '국영기업 주도의 성장' 전략으로 대응했다. 중국 정부는 강력한 금융 억압 정책을 통해 대규모 투자 재원을 조달해 국영기업에 뿌려주었다. 여기서 금융 억압은 예금과 대출 금리를 시장의 균형 수준보다 훨씬 낮게 통제함으로써 대출을 받는 기업에 혜택을 주는 정책을 뜻한다.[5] 이 정책의 최대 피해자는 가계였다. 명목 GDP가 10% 성장한 것에 비해 예금이자는 1~2%에 그쳐 자산을 축적하기 어려워졌기 때문이다.

문제는 가계 입장에서 예금 외에 마땅한 투자 대안이 없다는 것이었다. 1990년대 중반부터 상하이 등 연안 대도시를 중심으로 주택 개혁이 시작되면서 토지와 주택 가격의 상승이 강력하게 촉발된 것이 문제였다.[6]

1990년대 중반까지 중국 도시 주택은 국가 소유였지만, 거주민들이 험하게 사용해서 노후화가 심각했던 데다 새 집을 짓기에는 정부의 재정이 부족했다. 이때 주룽지가 이끄는 상하이시 정부는 도시 주민들에게 임대료 인상이라는 채찍을 휘두르는 한편 연 3.6%의 장기 저리 대출을 제공해 주택을 구입할 기회를 주는 주택 민영화를 강력 추진했다. 민영화 이후, 도시 호구(戶口)를 가진 이들은 싼값에 주택을 소유할 수 있었고, 시 정부는 도로와 항만과 지하철 건설 재원을 마련할 수 있었다.

부동산이 비싸다면 주식 투자도 고려할 법하지만 2008년과 2015년의 폭락 사태로 큰 피해를 본 가계가 많아 주된 투자 대안으로 부상하기 힘들었다. 이 결과 중국 가계는 부동산과 이길 수 없는 전쟁을 시작하게 되었다. 토끼처럼 뛰는 집값을 따라잡기 위해 어떻게든 더 많이 저축해야만 하는 거북 꼴이 된 것이다. 그래서 중국의 젊은 세대 일부는 아예 저축과 취업을 포기하는 듯한 모습을 보이고 있다.[7]

금융 억압의 결과를 잘 보여주는 것이 [그림 3-2]이다. 중국의 저축률은 거의 50%에 달해서 가계가 소비를 극단적으로 줄

[그림 3-2] 중국의 저축률과 투자율(2000~2022)

출처: IMF, 프리즘투자자문

이고 저축에 몰두하고 있음을 보여준다. 풍부한 저축을 바탕으로 기업의 투자는 GDP의 40% 이상을 차지한다. 특히 정부가 뒤를 봐주고 있기에 단기적인 수익 변화에 신경 쓰지 않고 대규모 투자를 단행하는 모습을 보인다. 전기차와 반도체, 이차전지 등 차세대 성장 산업에서 세계 톱 레벨에 올라서겠다는 목표를 제시한 '중국 제조 2025' 정책이 가장 대표적인 사례다.

여기까지만 보면 국영기업 육성 정책이 대성공을 거둔 것처럼 보인다. 그러나 2010년대 중반을 지나면서 국영기업 육성 정책은 두 가지 문제를 일으키기 시작했다.

첫 번째는 경영 효율성이 갈수록 떨어진 것이다. 어떤 프로젝트를 추진하다가 목표 달성이 어렵다 싶으면 신속하게 중지하거나 다른 목표로 전환하는 게 바람직하지만, 이런 유연성을 국영기업에 기대하기는 힘든 일이었다. 이 결과 국영기업은 거대한 규모에도 불구하고 동일 산업 내 민간 기업에 비해 실적이 지속적으로 부진했다.[8] 더 나아가 반도체 분야의 일부 기업은 제대로 된 투자 없이 보조금만 챙기는 일까지 벌어졌다.[9]

국영기업 실적 부진보다 더 큰 문제는 무역 분쟁을 촉발한 것이었다. 2016년 트럼프 행정부 출범 이후 미국과 무역 분쟁이 발생한 것도 기술 도둑질과 정부의 보조금 지급 문제 때문이었다. 정부가 국영기업 혹은 관계 기업들에 무제한에 가까운

자금을 공급해주는 상황에서 공정한 경쟁이 벌어질 수 있느냐
는 미국 기업들의 주장이 설득력을 얻은 것이다.

　국영기업들이 수익성에 대한 신중한 고려 없이 적극적으로
투자하다가 수출 길이 막혀버리면 남은 방법은 가격 경쟁밖에
없다. [그림 3-3]은 중국과 일본의 대미 수출 제품 가격 변화
를 보여주는데, 보라색 선으로 표시된 중국의 수출 제품 가격
이 2004년 이후 제자리걸음을 하는 것을 발견할 수 있다. 특히
2008년과 2022년 두 차례에 걸쳐 원유 가격이 급등했음에도

[그림 3-3] 중국과 일본의 대미 수출 물가(달러 기준, 2004~2023)

출처: 세인트루이스 연은(https://fred.stlouisfed.org/graph/?g=19Cd3)

불구하고 2023년 중국의 수출 제품 가격은 2004년에 비해 2% 남짓 상승하는 데 그쳐, 수익성보다는 시장점유율 위주의 경영 전략을 펼치는 중이다.

성장 전략을 바꿀
가능성은?

이 대목에서 "중국은 어떻게 해야 난관을 벗어날 수 있을까?" 라고 묻는 독자가 많을 것이다.

이에 대해 폴 크루그먼 뉴욕시립대 교수는 "금융기관에 대한 정부 통제를 풀고 금리를 자유화하는 조치를 취한다면 가계의 소득과 소비가 크게 늘어나면서 경제 전반에 새로운 활력을 불어넣을 수 있을 것"이라고 조언한다.[10] 중국의 만성적인 소비 부진과 과잉 투자 문제를 유발한 책임이 '금융 억압'에 있으니 이를 없애는 게 최우선이라는 이야기다.

그러나 중국 정책 당국이 정책 기조를 바꾸기는 힘들 것이다. 왜냐하면 정책 당국과 국영기업은 사실상 한몸이기 때문이다.

최근 전미경제분석국이 발간한 흥미로운 자료에 따르면, 중국 정책 당국이 반부패 캠페인을 벌일 때마다 국영기업이 주거용 토지를 인수하는 비율과 물량이 크게 증가한다.[11] 이런 현상이 발생한 이유를 간단하게 살펴보면 다음과 같다.

은행들 입장에서 가장 선호하는 대출처는 국영기업이다. 국영기업은 파산 위험이 극도로 낮은 데다, 강력한 네트워크를 가지고 있기 때문이다. 그런데 시진핑 주석이 취임한 이후 국영기업들도 수익을 내라는 압박을 받기 시작했다. 이 문제를 해결할 가장 좋은 방법이 바로 부동산 투자였다. 경제가 성장하는 만큼 소득이 늘어난다고 가정하면 주택 가격도 경제성장률만큼 상승할 가능성이 높기 때문이다.

예를 들어 어떤 지역의 PIR(소득 대비 주택 가격 배수)이 10배라고 할 때, 소득이 2배 늘어났음에도 주택 가격이 상승하지 않는다면 PIR은 5배가 될 것이다. 여기에 정부가 규제를 완화한다면, 경제 성장의 과실을 충분히 누릴 수 있는 도시 지역 부유층과 국영기업은 이 기회를 놓치지 않으려 들 것이다.[12]

이 과정이 반복되면서 국영기업은 거대한 이익을 누리고, 도시 호구를 가진 이들은 부자가 되며, 지방정부는 토지 매각 대금을 회수해 두둑한 돈을 번다. 따라서 정부가 반부패운동을 추진하면 도시 부유층(과 공산당 간부)의 주택 매수 열기가 약화될 테니 국영기업들이 이 틈을 파고드는 것이다.

문제는 이와 같은 강력한 네트워크를 깨뜨릴 수 있느냐다. 금리 자유화와 대출 규제 완화를 단행하는 순간, 국영기업과 부유층 그리고 지방정부를 적으로 돌리는 꼴이 될 수 있다는 이야기다. 결국 필자는 중국의 디플레 수출 현상이 장기화될 수 있다고 본다.

인구와 투자의 미래 확장판

2

일본은 어떻게
디플레를 탈출했나?

일본 경제가 1990년대부터
무너진 이유는?

중국의 사례에서 생산활동인구가 감소하는 나라가 오히려 디플레를 겪을 수 있다는 것을 알았다. 그런데 디플레의 원조 국가인 일본은 인플레 가능성이 대두되고 있다.

1990년 이후 일본에 30년에 걸친 디플레가 출현한 것은 주식시장과 부동산시장의 버블이 함께 터졌기 때문이다. 여기서 버블은 경제의 펀더멘털로 설명하기 어려울 정도의 자산 가격 상승을 의미한다. 예를 들어 일본을 대표하는 우량 기업으로 구성된 닛케이225지수는 1985년 말 1만 3,083포인트 수준이었지만 1987년 1월 말 2만 포인트를 돌파한 데 이어 1989년 말에는 대망의 4만 포인트에 근접했다.

상장기업의 실적이 함께 개선되었으면 '버블' 딱지를 붙이기 힘들겠지만 엔화 강세 영향으로 기업 실적은 부진했다. 이 결과 주가이익배수(price to earnings ratio, PER)가 무려 67배까지 상승했다. PER이란 어떤 상장기업의 주가와 주당 순이익을 비교한 것이다. 예를 들어 주가가 1만 엔인데 주당 순이익이 1,000엔이라면 이 회사의 PER은 10배다. PER이 67배라면 이 회사의 이익을 모아 주식을 사는 데 67년이 걸리는 셈이니, 일본 주가가 얼

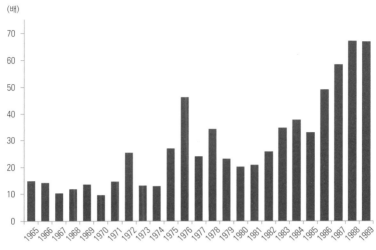

[그림 3-4] 일본 증시 PER(1965~1989)

(배)

출처: 《존 템플턴의 가치 투자 전략》, 프리즘투자자문

마나 고평가되었는지 알 수 있다. 특히 1965년부터 1986년까지 일본 증시의 평균 PER이 23.6배임을 감안하면 역사적인 평균에 비해 3배 가까이 비싼 수준이었다.

주식시장에 낀 버블은 부동산시장으로 확산되었다. 주식시장 호황으로 자금 조달이 쉬워지자 기업들이 은행에서 대출받기를 꺼린 것이 결정적이었다. 기업 고객의 이탈에 대응해 시중 은행들이 부동산에 집중하면서 부동산업종으로의 대출이 1988년 31조 4,486억 엔에서 1990년에는 42조 4,269억 엔으로 급증했다. 경기가 좋아진 데다 시중 자금마저 빠르게 유입되자 전국 지가는 1984년 100포인트에서 1990년 160포인트로 급등했고, 특히 도쿄와 오사카 등 6대 도시의 지가지수가 300포인트까지 치솟았다.

주식과 부동산 가격 급등에 놀란 정책 당국이 소비세와 정책금리 인상을 단행하자 자산 가격은 순식간에 무너지고 말았다. 닛케이225지수는 1990년 말 2만 3,849포인트로 내려앉았고 1992년 4월에는 2만 포인트가 뚫렸다. 그사이 1991년에 부동산 시장마저 무너짐으로써 일본 경제는 치명적인 타격을 받았다. [그림 3-5]에 나타난 것처럼 주식과 부동산 버블이 붕괴된 이후 날아간 자산 가치가 1,500조 엔에 달하니, 대략 3년 치 GDP가 허공에 흩어진 셈이다.

금리 인상에 주식과 부동산 가격이 폭락한 것은 '기회비용' 탓이 제일 크다. 정책금리가 6%까지 인상되는데, 굳이 가격이 비싼 주식이나 부동산을 매수할 이유가 없기 때문이다. 특히 가계의 입장에서는 고금리 대출을 일으켜 집을 구입하기보다는 이자율 6%를 보장하는 예금에 넣어두는 게 마음 편한 선택이다.

자산 가격 폭락은 경제에 일파만파의 영향을 미친다. 위대한 경제학자 어빙 피셔는 많은 채무자가 빚을 갚기 위해 최선을 다

[그림 3-5] 일본 정책금리 인상에 따른 자산별 손실 추이(1990~2005)

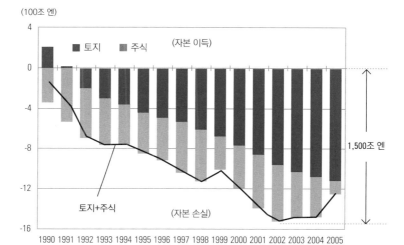

(100조 엔)

토지 ■ 주식 (자본 이득)

토지+주식 (자본 손실)

1,500조 엔

출처: 리처드 쿠,《대침체의 교훈》(2010)

하는 상황을 머릿속으로 그려보라고 말한다.[13] 금리 상승으로 이자 부담이 커진 데다 보유한 자산의 가치가 떨어지면 채무자들은 수입 대부분을 부채 상환에 쓰고 지출을 가급적 줄인다.

그러나 하나의 경제에서 너무 많은 이가 동시에 부채를 줄이기 위해 노력한다면 자기 파괴적인 흐름을 불러일으킨다. 빚을 짊어진 주택 소유자 수백만 명이 빚을 갚기 위해 너도나도 집을 내놓는다면 대규모 '집값 폭락' 사태를 유발할 것이기 때문이다. 더 나아가 가계가 빚을 갚기 위해 소비를 줄인다면 경기가 침체하고 일자리가 사라지며 이는 다시 소비자의 부채 부담을 무겁게 만들 것이다. 그리고 이 악순환이 계속 반복되면 물가가 전반적으로 떨어지는 디플레이션의 늪에 빠질 가능성이 높다.

장기 불황에 빠지지 않을 수도 있었다!

물론 자산 가격이 폭락했다고 해서 모든 나라가 일본처럼 디플레이션 늪에 빠지는 것은 아니다. 당장 2008년 글로벌 금융위기의 사례를 보더라도 부동산 폭락 사태 이후 미국 경제가 빠르게 회복했기 때문이다. 두 나라의 경기 회복 패턴에 차이가 발생한 가장 직접적인 이유는 통화 정책에서 찾을 수 있다.

1990년 일본의 자산 가격이 폭락하자 총통화 증가율이 급격히 감소하기 시작했다. 왜냐하면 가계와 기업들이 빚을 갚기 위해 은행에 맡긴 예금을 인출하는 한편 투자와 소비를 크게 줄이기 시작했기 때문이다. 다른 사람의 소비는 곧 나의 매출이니 소비 감소는 차례대로 기업 수익성 악화와 고용 감소를 유발했다.

그러나 일본 중앙은행은 금리 인하를 주저했다. 금리를 인

[그림 3-6] 일본의 정책금리와 총통화 증가율 추이(1979~2004)

출처: 세인트루이스 연은(https://fred.stlouisfed.org/graph/?g=1cjpt)

하했다가 다시 자산시장의 버블을 확대시킬까 걱정한 데다, 1990년 말 발생한 걸프전으로 인플레 압력이 높아진 것도 부담을 주었기 때문이다.

미 연준은 2000년대 초반에 발간한 보고서에서 "1990년대 초반 약 2%포인트 이상의 공격적인 금리 인하가 있었다면 디플레 악순환을 막을 수 있었을 것"이라고 추정한 바 있다.[14] 즉 경기가 악화되는 초기에 신속한 금리 인하가 있었다면 일본 경제가 장기 불황에 빠져들지 않았을 것이라는 이야기다.

아베노믹스 시행과
엔화 약세

여기에 엔화가 안전자산(safe asset)이라는 것도 디플레 압력을 높인 요인으로 작용했다.

안전자산이란 금이나 미국 달러 표시 채권처럼 불황에 강세를 보이는 자산을 뜻한다. 일본 엔화는 어쩌면 미국 달러보다 더 안전자산으로서의 특징을 지니고 있었는데, 일본이 보유한 막대한 해외 투자 자산 때문이다.[15]

소비와 투자가 얼어붙는 가운데 일본의 경상수지 흑자는 끝없이 이어졌고 이는 다시 해외에 투자되었다([그림 3-7] 참조). 그러다 2008년과 2011년처럼 강력한 경제 충격이 발생하면, 해외에 투자했던 자산을 매각해 신속하게 일본으로 가져왔다. 보험금 지급 혹은 급박한 자금의 요구에 응하기 위해서였다.

그러나 이 과정에서 엔화의 가치가 점점 상승했다. 금융기관이 해외에 투자했던 자산을 매도하고 엔화로 환전하는 순간, 외환시장에 강력한 엔화 매수세가 형성되었기 때문이다. 외환시장도 '시장'이기에, 엔화를 사려는 수요가 늘어날수록 엔화의 가치는 상승하기 마련이다.

문제는 2008년 글로벌 금융위기와 2011년 동일본 대지진 등

[그림 3-7] 일본의 대외 순자산과 구성 내역(1996~2021)

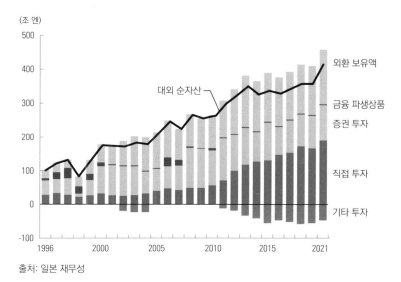

출처: 일본 재무성

경기가 안 좋을 때마다 엔화가 강세를 보였다는 것이다. 달러에 대한 엔화 환율이 떨어지면 수입 물가가 내려가는 반면 일본 수출 기업들의 경쟁력이 약화된다. 이를 '안전자산의 저주'라고 부른다. 불황이 올 때, 경제위기가 닥칠 때마다 통화 가치가 상승해버리니 일본 경제의 침체는 더욱 깊어졌다.

그래서 2011년 말 일본 아베 내각은 대규모 통화 공급을 통해 엔화 가치를 의도적으로 낮추는 정책, 즉 아베노믹스를 시행하기에 이른다. 이 정책 아이디어는 이미 오래전부터 제기되었지만 실행에 옮기는 데는 많은 용기가 필요했다. 왜냐하면 인플레가 발생할 때까지 어떤 상황에도 계속 돈을 풀겠다는 약속이 어그러질 가능성을 배제할 수 없기 때문이다.[16] 선거로 정부가 교체될 수도 있고, 새로운 중앙은행장이 과거의 정책 기조를 바꿀 여지도 존재한다.

이런 면에서 일본은 운이 좋았다. 2011년 이후 세계 경제가 회복되고 자민당 집권이 계속되었기 때문이다. 더 나아가 아베노믹스를 주도한 일본 중앙은행 총재 구로다 하루히코에 이어 후임 우에다 가즈오 총재도 여러 압력에도 불구하고 적극적인 통화 공급 확대 정책을 펼치고 있다. 덕분에 최근 일본은 서서

[그림 3-8] 일본 소비자물가 상승률(1999~2023)

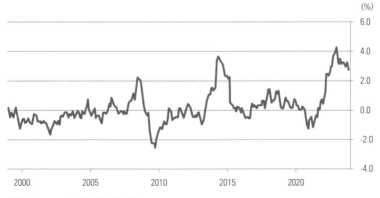

출처: TRADINGECONOMICS.COM

인구와 투자의 미래 확장판

히 디플레에서 벗어나는 모습을 보이고 있다.

물론 미래는 아무도 알 수 없다. 2008년처럼 일시적인 인플레 이후 다시 기나긴 디플레를 겪을지, 아니면 이제는 본격적인 인플레의 시대에 접어들지는 확신할 수 없다. 다만 일본 정부가 아베노믹스를 중단하지 않는 한 성공이 가까워진 것이 아닌가 생각해본다.

고령화가 일본의
디플레를 유발했나?

마지막으로 일본의 고령화와 인플레의 연관을 살펴보자. 고령화는 인플레 압력을 약화하는 요인이 분명하지만 일본 경제에 미친 영향은 뚜렷하지 않은 듯하다. [그림 3-9] (148쪽)에 나타난 것처럼 일본의 인플레는 1970년대가 정점이었고 이후 2000년대까지 지속적인 하락세를 보였기 때문이다.

물론 고령화가 물가에 아무런 영향을 미치지 않았다는 뜻은 아니다. 노인 인구 증가에 따른 소비 부진이 장기화하고 있고 (148쪽 [그림 3-10] 참조) 이는 경제 내 유휴 설비 부담을 가중한다. 일본 노인들은 오래 살기 때문에 더욱 소비를 억제하려는 경향을 종종 보인다. 그리고 이는 다시 자기실현적 기대로 이어진

[그림 3-9] 일본 생산활동인구 비중과 소비자물가 상승률(1960~2022)

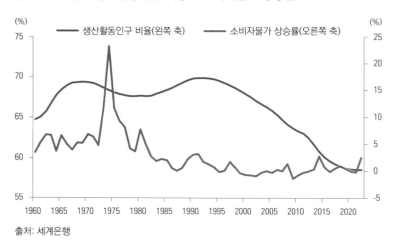

출처: 세계은행

[그림 3-10] 일본 부양 비율과 가계 소비 증가율(1971~2022)

비고: 부양 비율은 14세 이하와 65세 이상 인구를 생산활동인구로 나눈 값.
출처: 세계은행

다. 즉 미래를 걱정하는 사람이 늘어날수록 부정적인 예상이 맞
아떨어지는 셈이다.

따라서 자산 가격 붕괴로 촉발된 물가 하락 흐름을 노령화가
더욱 가속화했다고 볼 수 있다. 일본의 사례를 반면교사 삼아
서, 디플레 위험이 부각되기 전에 선제적인 조치가 취해지기를
바란다.

중진국 함정 이야기

신흥 개발도상국이 저임금을 무기로 가파른 성장을 지속하다가 성장 정체에 빠져드는 현상을 '중진국 함정(middle income trap)'이라고 한다. 중진국 함정이라는 용어를 가장 먼저 제기한 곳은 세계은행으로서, 20세기 후반 국제 경제의 개황을 설명하면서 사용했다. 세계은행은 1960년 중소득 국가이던 101개국 중 13개국만이 2008년에 고소득 국가의 지위를 획득했다고 주장했다.[17]

[그림 3-11]의 세로축은 미국 대비 2008년의 소득배율이고, 가로축은 미국 대비 1960년의 소득배율이다. 한국과 대만, 싱가포르, 스페인, 일본, 이스라엘 등 몇몇 나라만이 1960년 중소득 국가에서 2008년 고소득 국가로 발돋움했다.

그렇다면 왜 중소득 국가 대다수는 선진국이 되지 못했을까? 한동훈 가톨릭대학교 국제학부 교수는 '중국은 루이스 전환점을 지났는가?'라는 논문에서, 중소득 국가 대다수가 선진국이 되지 못한 것은 농촌 지역의 풍부한 노동력이 고갈되고 임금이 상승했기 때문이라고 설명

[그림 3-11] 미국 대비 소득배율(1960년과 2008년 비교)

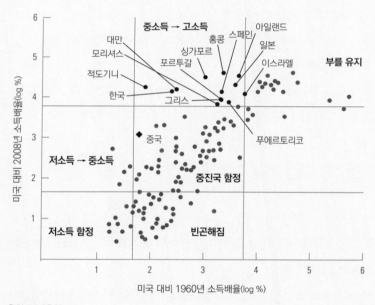

출처: 세계은행

했다.[18]

　다음 원인들 때문에 투자율의 상승 흐름이 영원히 지속될 수
없다고 루이스는 주장했다.
　첫째, 자본축적률이 인구 증가율보다 높을 때는 생존 부문(=
농업 부문 등 전통 경제)의 인구수가 감소하며… 결과적으로 자본주
의 부문의 임금이 상승한다.
　둘째, 자본주의 부문 규모의 상대적 증대는 농산물 수요 증가
로 인해 교역 조건을 자본주의 부문에 불리하게 변화시키며, 따
라서 자본가들은 노동자의 실질임금을 불변으로 유지하기 위해
생산물 가운데 더 많은 부분을 임금 지불에 사용하게 된다.(농산
물 상대가격 상승 → 임금 상승)

노동력이 고갈되고 식량 가격이 상승하면 근로자들의 임금도 상승하
는 것이 당연하다.
문제는 생산 효율이 임금 상승을 따라가지 못할 때 발생한다. 생산단
가가 상승하고 경쟁력이 약화되며, 투자했던 외국 기업이 철수하면서
경제는 다시 침체의 늪에 빠지게 될 것이다.
물론 중국 경제는 꾸준히 성장하는 중이지만, 인건비가 상승하고 생

산성 향상이 지체되는 문제가 심해진다면 결국 중진국 함정에 빠지게
될 것이라는 전망이 우세하다.[19]

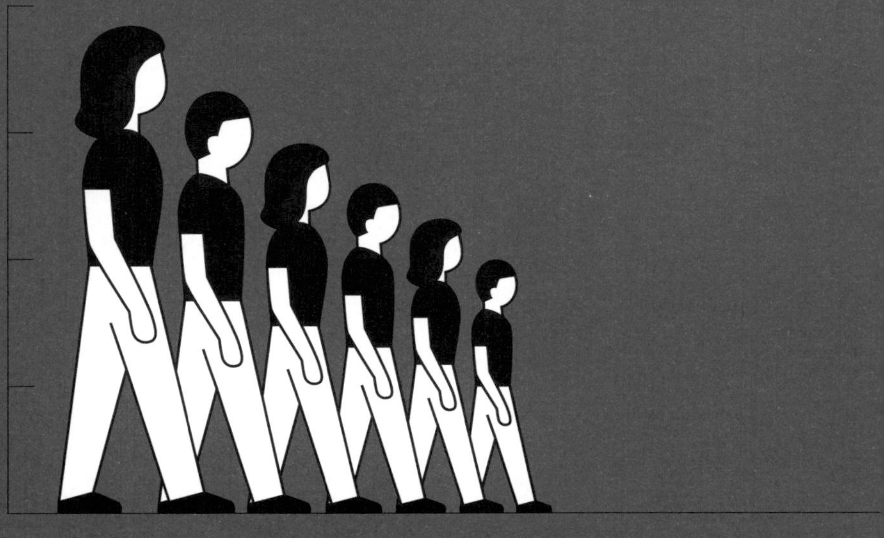

4장

인구와
부동산시장의 미래

1

미국의 인구 구조와
부동산시장의 관계는?

베이비붐 세대가
미국 경제에 던진 충격

미국 경제의 미래를 이야기하면서 베이비붐 세대의 존재를 빼놓을 수 없다. 1946~1964년 매년 평균 400만 명이 태어나며 1차 베이비붐이 시작되었고, 31년 뒤에 두 번째 베이비붐이 찾아왔다. 참고로 두 번째 베이비붐 세대를 에코붐 세대라고 부른다. 물론 베이비붐 세대에 비해 에코붐 세대는 상대적으로 숫자가 적고 또 충격도 적었다. 아무래도 베이비붐 세대를 겪으면서 새로운 출산 붐에 어느 정도 대비되어 있었기 때문이라고 볼 수 있다.

그럼에도 불구하고 베이비붐 세대의 은퇴는 미국 경제 전반에 상당한 영향을 미쳤고, 특히 부동산시장이 받은 충격은 상당한 수준이었다. 지금이야 '베이비붐 세대가 은퇴하면 부동산 망한다'는 주장이 웃음거리가 되었지만 당시에는 상당한 영향력이 있었다. 특히 해리 덴트 같은 작가들은 2000년대 초반부터 부동산시장의 붕괴를 경고했고 큰 인기를 끈 바 있다.[1] 그러나 2011년을 저점으로 부동산 가격이 상승하면서 인구절벽 주장은 설득력을 잃었다.

미국 부동산 가격이 다시 상승세로 돌아선 것은 크게 보아

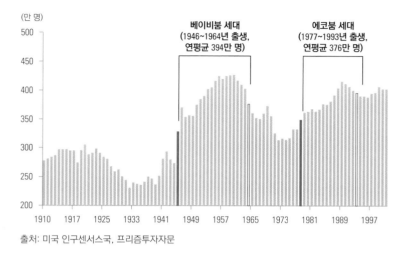

[그림 4-1] 미국 신생아 수 추이(1910~2001)

(만 명)

베이비붐 세대
(1946~1964년 출생,
연평균 394만 명)

에코붐 세대
(1977~1993년 출생,
연평균 376만 명)

출처: 미국 인구센서스국, 프리즘투자자문

저금리, 공급 부족, 그리고 베이비붐 세대의 부동산 보유 패턴 변화 때문이었다. 저금리 이야기는 2장에서 자세히 다루었으니 여기서는 베이비붐 세대의 인생사에 집중해보자.

만성적인 주택 공급 부족이
주택 가격 상승의 가장 큰 원인

[그림 4-2] (160쪽)는 미국의 실질 주택 가격과 생산활동인구의 변화를 함께 보여준다. 베이비붐 세대의 선두 주자인 1946년

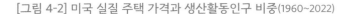

[그림 4-2] 미국 실질 주택 가격과 생산활동인구 비중(1960~2022)

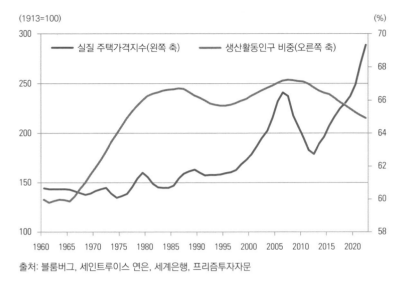

출처: 블룸버그, 세인트루이스 연은, 세계은행, 프리즘투자자문

생이 60대에 접어든 2000년대 중반부터 주택 가격이 급락하다
가 2011년을 고비로 10년 넘게 상승한 것을 발견할 수 있다. 어
떻게 이런 현상이 벌어졌을까?

미국 부동산시장의 순환을 이해하는 데, '오마하의 현인'으로
불리는 버크셔 해서웨이의 최고경영자 워런 버핏의 이야기가 큰
도움을 준다. 그는 2002년 조립식 주택 건설업체 클레이턴홈즈
를 인수하면서 주주들에게 투자 이유를 다음과 같이 설명했다.

우리는 클레이턴 인수를 통해서 대규모 조립주택 금융사업에도 뛰어들었습니다. 클레이턴도 다른 동종 기업들과 마찬가지로 지금까지는 고객에게 제공한 대출금을 증권화했습니다. (중략) 그러나 우리는 이익을 서둘러 실현할 필요가 없고 대차대조표도 매우 건전하므로, 대출자산을 증권화하는 것보다는 계속 보유하는 편이 장기적으로 더 유리하다고 믿습니다. 그래서 클레이턴은 대출자산을 보유하기 시작했습니다.[2]

버핏이 인수한 조립주택 건설회사 클레이턴은 집을 구입하는 고객에게 대출을 해주는 등 사실상 부동산 금융회사의 일을 하고 있었다. 물론 버핏이 부동산시장을 낙관하고 있었기에, 금융사업까지 떠맡은 것은 당연한 일이다. 그러나 2008년 주주총회에서는 버핏의 입장이 크게 달라졌다.

(부동산 구입에는) 어느 정도의 계약금이 필요한데도 이를 무시하는 사례가 많았습니다. 때로는 속임수가 동원되기도 했습니다. 게다가 고객들은 잃을 게 없다는 이유로, 도저히 감당할 수 없는 막대한 금액을 매월 상환하겠다고 약정했습니다. 이렇게 이루어진 담보 대출을 월스트리트 회사들은 증권화해서 순진한 투자자들에게 팔았습니다. 이런 연쇄 범죄는 실패할 수밖에 없으며, 실제로

실패했습니다.[3]

주택 담보 대출의 이자를 부담할 능력이 없는 고객들에게 잔뜩 대출해준 다음 이를 다시 쪼개서 매우 안전한 채권인 것처럼 포장해 고객들에게 팔아치우는 일종의 금융 사기극, 즉 서브프라임 모기지 대출에 대해 심각한 불안을 느끼고 있음을 발견할 수 있다. 결국 2008년 가을 리먼브러더스 파산을 계기로 주택 가격이 폭락한 것은 물론 심각한 경제위기가 찾아왔다.

그러나 1990년대 일본과 달리 2008년의 미국은 적극적으로 대응함으로써 경제위기를 극복할 수 있었다. 미국 중앙은행(이하 '연준')이 5.25%였던 정책금리를 제로 수준으로 낮추는 한편, 양적완화라는 새로운 통화 정책을 시행한 것이다.

양적완화란 중앙은행이 경기를 부양할 목적으로 시중에 통화를 대규모로 공급하는 정책이며, 주로 채권시장에서 채권을 대량 매입하는 방식으로 이뤄진다. 양적완화 이전에 연준이 채권을 매입하지 않은 것은 아니었지만, 매년 1조 달러 가까이 매입할 정도는 아니었다.

정부가 무제한에 가까운 돈을 풀어서 채권을 매입하니 채권 가격이 오르면서 채권 발행 금리가 떨어질 가능성이 높아진다. 채권도 수요와 공급에 가격이 좌우되는 상품이어서, 사자는 세력이 많을수록 가격이 오르고 반대로 금리는 낮아지기 때문이다.

정부의 신속한 대책뿐만 아니라 주택 공급이 급격히 줄어든 것도 큰 영향을 미쳤다. 1970년부터 2006년까지 미국의 연평균 주택 공급은 159만 호였지만 2007년부터 2022년까지는 연 108만 호에 불과했다. 많은 주택 건설회사가 파산한 데다, 금융위기 이후 자금 조달이 힘들어진 것도 주택 공급 감소를 촉발한 요인이었다. 2012년 버크셔 해서웨이 주주총회에서 워런 버핏은 다음과 같이 설명한다.

> 주택 경기는 회복될 것입니다. (중략) 장기적으로 주택 수는 가구 수를 따라갈 수밖에 없습니다. 그러나 2008년 이전에는 가구 수보다 주택 수가 더 많아졌습니다. 그 결과 지나치게 커진 거품이 요란하게 터지면서 경제를 통째로 흔들어놓았습니다. (중략) 지금은 주택 수보다 가구 수가 매일 더 증가하고 있습니다. (중략) 현재 주택 건축 착공은 연 60만 건이어서 가구 증가 수보다 훨씬 적으므로 이제는 주택 구입이나 임차가 증가하면서 과거의 주택 공급 과잉 상태가 빠른 속도로 해소되고 있습니다.[4]

워런 버핏의 주장대로 미국 부동산시장은 회복되었다. 공급부족이 만성화된 상황에서, 새로운 수요가 발생하는 순간 가격

[그림 4-3] 미국의 주택 착공 건수(1959~2023)

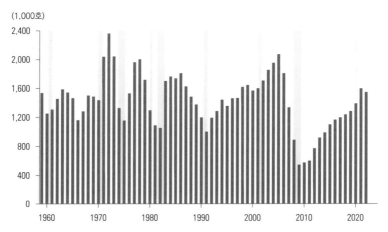

출처: 세인트루이스 연은(https://fred.stlouisfed.org/graph/?g=1bU9c)

상승 압력이 높아지는 것은 당연한 일이다. 특히 2022년부터 대규모 이민이 유입되고, 한국과 대만 등 동아시아 국가의 직접 투자가 상대적으로 땅값과 인건비가 싼 미국 남동부 지역에 집중된 것도 주택 가격 상승 탄력을 강화한 요인으로 지목된다.[5]

라이프스타일 변화가
부동산시장을 바꾸기도

만성적인 주택 공급 부족 외에 미국 베이비붐 세대의 라이프

스타일 변화도 큰 영향을 미쳤다. 미국 사람들의 자산 구성을 살펴보면 주식 투자 비중이 다른 나라에 비해 압도적으로 높은 게 사실이다. 그러나 빅테크기업 창업자 몇몇이 너무나 큰 자산을 가지고 있기에 통계가 왜곡된 점을 감안해야 한다.

국제결제은행(BIS) 자료에 따르면 미국의 소득 상위 20% 가계는 자산의 54.5%만 주택에 투자하지만, 중하층(소득 61~80%) 가계는 자산의 91.1%를 부동산에 투자한다.[6] 따라서 베이비붐 세대의 은퇴가 시작되며 가장 중요한 자산인 주택 가격의 하락이 본격화될 것이라는 예상이 세를 얻은 것도 이상한 일은 아니었다.

그러나 2010년대 초반 이후 상황이 정반대로 흘러가기 시작했다. 베이비붐 세대 중 부유한 이들이 자녀를 위해 혹은 휴양지에 별장을 마련하기 위해 새로운 집을 매수한 것이다. 특히 시장금리가 상승하면서 3040 세대의 주택 매수가 위축된 2022년 이후 베이비붐 세대의 주택 매수가 급격히 늘어났다.[7] 최근의 주택 조사에 따르면 미국인은 75세까지 주택 보유율이 계속 상승했다.

이런 현상이 벌어진 이유는 두 가지다. 첫 번째는 기대수명 연장이다. 펜타닐을 비롯한 각종 마약성 진통제의 남용으로 40대 백인 남성의 기대수명이 극적으로 짧아진 것은 분명한 사실이지만, 베이비붐 세대의 기대수명은 80세를 향해 가고 있다.[8] 예를 들어 1960년대 미국 65세 남성의 기대여명은 단 13년에 불과했지만 2020년에는 17년으로 늘어났다.[9] 상황이 이렇게 되니 노인들의 주택 매도 시점이 점점 더 늦춰지는 것이다.

베이비붐 세대가 주택 매수자로 나서는 두 번째 이유는 '자금력'에 있다. 주택시장의 여건이 악화될수록 부동산 중개업자들은 신용도가 높은 사람들에게 좋은 매물을 보여주려 들 것이다.[10] 특히 베이비붐 세대는 축적된 자산이 많다 보니 주택을 현금으로 구입하는 비중이 높다.[11] 따라서 금리 상승에 별다른

[그림 4-4] 미국에서 주택 담보 대출이 전혀 없는 주택의 비중(2013~2022)

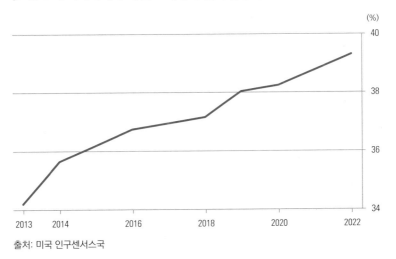

출처: 미국 인구센서스국

인구와 투자의 미래 확장판

영향을 받지 않는 거래가 많고, 베이비붐 세대가 선호하는 지역의 부동산일수록 더욱 그러할 것이다.

따라서 노령화는 미국 주택 가격 상승 요인으로 볼 수 있겠다. 거대한 저축 덕분에 시장금리 상승이 억제되고, 기대수명의 연장 덕분에 나이가 들어도 주택 수요가 늘어나기 때문이다. 이어서 일본 부동산시장이 인구 감소 환경에서 어떤 변화를 보였는지 살펴보자.

2

일본 부동산시장,
양극화의 시대로!

도쿄에
집 한 채 살걸!

미국뿐만 아니라 일본 부동산시장도 큰 변화를 겪고 있다. 필자는 2010년대 중반, 도쿄 임해부도심(오다이바) 인근에 자리 잡은 대규모 단독주택 모델하우스를 방문한 적이 있다.

평일 오전이었는데도 모델하우스마다 사람들이 가득 찼고 주택 담보 대출 조건이 대단히 후한 것에 깜짝 놀랐다. 30년 고정금리 대출 이자가 0.5% 안팎에 불과한 데다, 주택 가격도 매우 저렴했기 때문이다. 손자부터 조부모까지 살 수 있으면서도 출입구가 분리된 단독주택 가격이 우리 돈으로 6~8억 원 정도에 불과했다. 특히 월세 이율이 3% 내외였던 것을 감안할 때, 0.5% 대출 금리로 주택을 매수해 원리금을 갚아나가는 게 경제적으로 이득인 상황이었다.

[그림 4-5]를 보면 실제로 일본 토지 가격은 2010년대 초반에 하락을 멈추었고 서서히 상승하다가 2020년 이후 지역별로 강한 상승이 나타나고 있다. '그때 도쿄에 집 한 채 사두었다면 큰돈 벌었을 텐데'라고 후회하는 중이지만, 열심히 공부하다 보면 또 기회를 잡지 않을까 생각한다.

인구와 투자의 미래 확장판

[그림 4-5] 일본의 주거용 토지 가격(1995~2022)

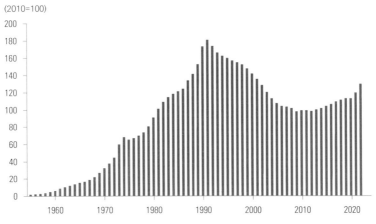

출처: 세인트루이스 연은(https://fred.stlouisfed.org/graph/?g=1bVjn)

인구 감소에도
일본 집값이 상승한 이유는?

[그림 4-6] (172쪽)은 일본의 생산활동인구(15~64세)와 토지 가격의 관계를 보여주는데, 최근 반대 방향으로 움직인 것이 발견된다. 2000년대 중반까지는 생산활동인구와 토지 가격의 흐름이 함께 움직였지만, 2000년대 후반부터는 토지 가격의 상승이 본격화되었다.

[그림 4-6] 일본 생산활동인구 비중과 주거용 토지 가격(1960~2022)

출처: 세계은행, 세인트루이스 연은, 프리즘투자자문

특히 2022년 수도권의 구축 아파트(70제곱미터 기준) 가격이 4,716만 엔을 기록해, 2021년에 비해 13.2% 급등했다.[12] 오사카와 교토 등 긴키(간사이) 지방도 8% 상승했고, 나고야를 중심으로 한 주부 지방도 6.5% 상승하는 등 일본의 대도시 아파트 가격은 세계적인 부동산시장 침체에 영향을 받지 않은 것으로 나타난다.

이런 현상이 나타난 가장 직접적인 원인은 '주택 공급의 감소'로 판단된다. 1960년대 이후의 주택 공급 통계를 보면 1970년부

인구와 투자의 미래 확장판

터 2000년대 중반까지 월 평균 10만 호 이상이 지어졌다. 1970년 대에 집이 많이 지어진 것은 도시화에 따른 인구 집중 문제를 해소할 목적이었으니 충분히 이해가 되지만, 인구 감소 위험이 부각된 2000년대에도 이렇게 많이 지어진 것은 큰 실책이다.

일본의 인구가 1억 2,000만 명으로 일정하고 주택이 4,000만 호라고 하면 적정한 주택 건설 물량을 추정해볼 수 있다. 집의 내구연한이 40년이라고 보면 매년 100만 호, 즉 월 8만 호 정도 공급이 적정하다고 여겨진다. 그러니 월 10만 호 이상의 공급이 20년 가까이 이어지면 공급 과잉 문제가 부각되며 빈집이 늘어날 것이다.[13]

1990년을 고비로 주택 가격이 폭락하는 사태가 벌어졌음에도 월 10만 호 이상의 공급이 지속된 것은 경기 부양 정책 시행 때문이었다. 다리나 도로 같은 사회간접자본을 확충한 것은 물론 공공 주택도 공급을 늘리는 바람에 빈집이 더 늘어난 것이다.

이 흐름을 바꿔놓은 것이 2000년대 고이즈미 정권의 구조조정이었다. 고이즈미 정부는 공기업을 민영화하고 금융기관의 구조조정을 단행했을 뿐만 아니라 공공 부문의 주택 공급 정책을 중단함으로써 주택시장 회복의 전기를 만들었다. 물론 이와 같은 정책이 즉각 효력을 발휘한 것은 아니었다. 이미 짓는 중

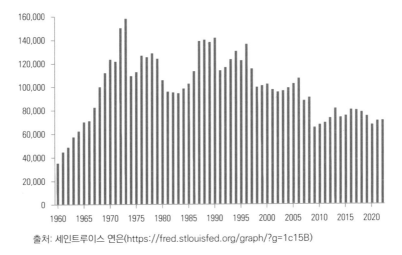

[그림 4-7] 일본 월 평균 주택 공급 건수(1960~2022)

출처: 세인트루이스 연은(https://fred.stlouisfed.org/graph/?g=1c15B)

인 건물을 없앨 수는 없지 않겠는가. 결국 2012년 아베 내각 출범 이후 강력한 통화 공급 확대 정책, 즉 아베노믹스를 시행하며 주택시장이 살아나기 시작했다.

아베노믹스란?

1990년대 초반의 자산 가격 폭락 사태를 계기로 일본 사람들은 다시 검소한 삶에 익숙해졌다. 소비를 줄이고 집이나 차를 줄이기 위해 계속 노력했고, 그 결과 간신히 파산을 면할 수 있

인구와 투자의 미래 확장판

었다. 그러나 이 과정에서 대출은 계속 줄어들었고, 창업은 매우 무모한 행위처럼 받아들여졌다. 신생 기업이 등장하지 않았고 기존 기업은 연구개발 투자를 게을리해 경쟁력이 약해졌으며, 도시바와 올림푸스, 저팬디스플레이 같은 유수의 기업들은 회계분식을 통해 이를 감추려 노력했다.[14] 회계분식은 기업이 투자자들에게 경영 상황을 숨기고 또 과대 포장하는 부정행위를 지칭한다.

이런 탓에 일본 중앙은행이 제로 수준까지 금리를 낮추고 정부가 재정을 아무리 쏟아부어도 경기는 회복되지 않았다. 더 나아가 기업들은 정규직 근로자 위주로 채용했기에, 상황이 나빠지더라도 신속하게 구조조정을 단행하기 힘들었다.[15] 이 문제를 해결하기 위한 방법은 어떤 것이 있을까?

2000년 프린스턴대학교의 유명한 경제학자는 "일본은행이 강력한 경기 회복을 위해 모든 시도를 해야 한다"는 주장을 펼쳤다.[16] 이후 미국 연준 의장이 된 벤 버냉키였다. 버냉키는 일본 중앙은행이 돈을 찍어내 정부 채권은 물론 기업 발행 채권이나 주식을 매입하라고 권고했다. 더 나아가 외환시장에 개입해 엔화의 가치를 떨어뜨림으로써 수출을 장려하는 한편 수입 물가를 인상해야 한다고 주장했다.

당시에는 버냉키의 주장이 받아들여지지 않았지만, 2012년 아베 정부는 이 주장을 전격 수용해 시장에서 적극적으로 채권을 매입하는 한편 엔화 약세를 유도하기 시작했다. 2008년에는 미국이 이 양적완화를 시행해서 큰 효과를 거두었는데, [그림 4-8]에서 보듯 2012년부터 일본은 미국의 몇 곱절에 이르는 채권을 매입했다.

중앙은행이 채권을 무제한 매입하면 경제에 3가지 영향을 미친다. 첫째, 시장금리가 내려간다. 채권 가격도 수요와 공급에 좌우되기에, 채권 매수가 끝없이 이어지면 채권 가격이 상

[그림 4-8] 주요국 중앙은행의 GDP 대비 자산 규모(2007~2023)

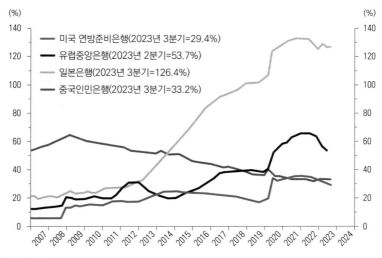

출처: Yardeni.com

인구와 투자의 미래 확장판

승하고, 이는 곧 더 낮은 금리를 제시해도 채권이 소화된다는 이야기가 된다.

둘째, 기존 채권 보유자의 수익이 늘어난다. 예를 들어 만기 30년 2% 이자를 제공하는 채권을 보유하고 있었는데 일본은 행의 채권 매입으로 새로 발행되는 30년 만기 채권의 이자가 1%가 된다면? 기존에 발행된 2% 채권의 인기가 하늘을 찌를 것이다. 따라서 채권을 보유하던 연기금이나 보험사, 은행의 수익이 개선되는 효과가 발생한다.

마지막으로 양적완화는 엔화에 대한 투자 매력을 떨어뜨린 다. 기존에 일본 채권을 보유하던 외국인 투자자들이 수익을 실현하고 일본 시장을 빠져나가는 과정에서 '엔 매도+달러 매 수' 거래가 발생할 것이기에, 외환시장에서 엔화 가치가 떨어 지는 것이다.

특히 엔화 가치의 하락은 일본 경제의 방향을 돌려놓은 결정 적 계기로 작용했다. 1980년대 초반 달러에 대한 엔화 환율은 250엔 대였지만 1980년대 후반에는 120엔, 글로벌 금융위기 이후에는 일시적으로 80엔을 밑돌 정도로 엔화 강세가 출현했 다. 이 대목에서 잠깐 외환시장의 기초를 설명하자면, 기축통 화인 달러에 대한 엔화의 교환 비율이 곧 환율이니 달러에 대 한 엔화 환율의 하락은 달러 약세를 뜻한다. 시소의 반대편에

앉은 달러의 약세는 곧 엔화의 강세를 뜻한다.

엔화가 강세로 가면 안 그래도 힘든 일본 기업들의 수익성에 더욱 큰 피해를 미칠 것이다. 가격 경쟁력이 떨어져 일본 기업의 수출 길이 막히는 데다, 해외에서 수입된 제품의 가격이 낮아지며 내수 시장의 경쟁이 촉발되기 때문이다.

따라서 2012년 말 시작된 엔화 환율 상승, 즉 엔화 약세는 일본 기업은 물론 경제 전반에 강력한 '붐'을 일으켰다. 기업 실적이 좋아지는데 시장금리는 내려가니 소비와 투자가 조금씩 늘어나기 시작했다.

특히 부동산시장이 가장 큰 혜택을 입었다. 이익이 늘어나며 임금이 오른 수출 기업 근로자부터 주택 매수에 나서고 외국인 투자자들까지 가세하면서 주택 가격이 폭등하기 시작한 것이다. 그러나 일본 전역의 부동산 가격이 오른 것은 아니었다.

일자리 중심지만
가격 상승!

2012년 시작된 일본의 주택 가격 상승에서는 크게 두 가지 특징이 관측된다. 첫 번째는 맨션, 즉 한국으로 치면 아파트가 강력한 상승세를 보였다는 것이다. 이는 여러 가지로 설명할 수 있는데 가장 직접적인 원인은 2011년 발생한 동일본 대지진 이후 목조 구조물의 피해가 컸다는 것이다.[17] 반면 기둥식 구조인 고급 맨션은 피해가 거의 없었다.[18] 기둥식 구조는 충격과 진동, 소음이 보와 기둥을 타고 분산되기에 상대적으로 충격에 강하고 소음이 적은 특징이 있다.

두 번째는 단독주택과 맨션의 차이 못지않게 지역 간 차이도 대단히 심각한 수준이었다는 것이다. [그림 4-9]에 나타난 것처럼 수도권과 긴키(오사카와 교토, 고베 인근 지역), 주부(나고야를

[그림 4-9] 일본 3대 도시 권역의 기축 맨션 가격(2013~2022)

비고: 70제곱미터 기준
출처: 東京カンテイ(2023)

중심으로 한 지역)의 집값은 폭발적으로 상승했지만, 지방의 집값은 하락세가 멈추지 않고 있다.

이런 현상이 벌어진 가장 직접적인 이유는 '클러스터'의 힘에서 찾을 수 있다.[19] 정보통신혁명 이전에는 학문과 일자리의 중심지가 원재료 생산 지역에 분포되어 있었다. 예를 들어 영국의 셰필드에는 칼을 만드는 이들이 모여들었고, 한국의 중화학공업단지는 다른 나라로부터 원재료를 수입하기 쉬운 포항부터 여천까지 이어지는 남동 벨트에 집중되어 있었다.

이런 식으로 일자리가 특정 지역에 집중되는 이유는 크게 세 가지다. 비슷한 분야의 기업들이 모여 있으면 언제든지 필요한 기술과 부품을 조달할 수 있고, 비슷한 일을 하는 근로자와 기술자를 쉽게 뽑을 수 있으며, 주변의 대학이 발전하면서 창의적인 기술 혁신을 유발하기 때문이다.[20]

그러나 요즘에는 원재료 공급지보다는 대도시로 인구와 산업이 집중되는 양상이 뚜렷하다. 한국의 서울뿐만 아니라 뉴욕과 도쿄, 런던 같은 곳으로 끝없이 인구가 몰리는 것은 정보통신혁명으로 제조 부문만 따로 외주를 할 수 있어 환경 오염 문제를 크게 신경 쓰지 않아도 되고, 젊은 기술자들이 대도시의 라이프스타일을 선호하기 때문인 것 같다.

젊은 세대가 대도시 라이프스타일을 선호하는 첫 번째 이유

인구와 투자의 미래 확장판

는 누구의 눈치를 보지 않고 대중(혹은 군중) 속에서 자신의 취향을 드러낼 수 있다는 것이다. 한 집 건너 다 아는 사람인 곳에서 자신의 선호와 취향을 드러내는 것은 쉽지 않다. 더 나아가 비슷한 나이대의 이성을 만날 기회가 많다는 것도 대도시 선호를 높인다. 사람마다 좋아하는 스타일이 제각각이기에, 숫자가 일단 확보된 대도시일수록 성공 확률이 높다.

마지막 요소는 문화산업의 크기다. 즉 시장이 크다 보니 다양한 문화생활을 누릴 수 있다는 것이 장점으로 작용한다. 얼마 전 네덜란드의 교향악단 연주회를 보고 왔는데, 유럽에서도 티켓 구하기가 어렵기로 유명한 곳답게 수준 높은 연주를 들려준 기억이 선명하다.

문제는 한 나라에 비슷한 영역의 클러스터가 공존하기 힘들다는 것이다. 왜냐하면 클러스터 간의 경쟁을 통해 각 산업에 더 매력적인 여건을 제공하는 곳이 승리를 거두기 때문이다. 예를 들어 미국의 경우 정보통신은 실리콘밸리, 바이오는 보스턴 같은 식으로 산업별 클러스터가 자리 잡은 후에는 좀처럼 위치가 흔들리지 않는 모습을 보인다.

그리고 이렇게 한번 자리 잡은 클러스터는 집중력이 점점 더 커진다. 이탈리아 출신 경제학자 엔리코 모레티가 주장하듯, 혁신 산업의 일자리가 하나 생길 때마다 추가 일자리를 다섯

개 만들어낼 정도로 강력한 효과를 발휘하기 때문이다.[21]

> 대도시 지역 320곳의 미국 근로자 110만 명에 대한 분석에 기
> 초한 연구 결과, 대도시 지역 한 곳에서 첨단기술 일자리가 한 개
> 늘어날 때마다 장기적으로 다섯 개의 추가적인 일자리가 첨단기
> 술 분야 밖에서 창출된다. (중략) 창출된 일자리들 가운데 두 개는
> 전문직인 데 비해 나머지 세 개는 비전문직 일자리였다.

마지막으로 일본의 3대 도시 권역인 수도권과 긴키, 주부에 인
구가 집중되는 이유를 확인하기 위해 [표 4-1] 을 보자.

세계의 발명 특허를 집계하는 세계지적재산권기구(WIPO)에
따르면 세계에서 가장 큰 클러스터는 도쿄-요코하마다.[22] 일본
에서 그다음으로 큰 클러스터는 오사카-고베-교토로 세계 6위
이고 나고야(세계 12위)가 그 뒤를 이었다. 세계 2위는 중국 선전-
홍콩-광저우였고 한국 서울이 3위, 중국 베이징이 4위, 미국 산
호세-샌프란시스코(실리콘밸리)가 5위를 차지했다.

캐논과 소니와 도쿄대학교가 자리 잡은 도쿄-요코하마, 파나
소닉과 교세라와 교토대학교로 대표되는 오사카-고베-교토,
토요타와 나고야대학교가 위치한 나고야는 세계적인 수출 대
기업의 본거지이자 인구 집중 지역이다.

[표 4-1] 세계 20대 클러스터 순위(2021)

순위	클러스터명	국가	국제특허 출원 건수	과학 논문	국제특허 출원 점유율	논문 점유율	합계	2013~ 2017 순위	순위 변동
1	도쿄-요코하마	일본	113,244	143,822	10.81	1.66	12.47	1	0
2	선전-홍콩-광저우	중국/홍콩	72,259	118,600	6.90	1.37	8.27	2	0
3	서울	한국	40,817	140,806	3.90	1.63	5.52	3	0
4	베이징	중국/홍콩	25,080	241,637	2.40	2.79	5.18	4	0
5	산호세-샌프란시스코 (캘리포니아)	미국	39,748	89,974	3.80	1.40	4.83	5	0
6	오사카-고베-교토	일본	29,464	67,514	2.81	0.78	3.59	6	0
7	보스턴-케임브리지 (마이애미)	미국	15,458	128,964	1.48	1.49	2.96	7	0
8	뉴욕(뉴욕)	미국	12,302	137,263	1.17	1.58	2.76	8	0
9	상하이	중국/홍콩	13,347	122,367	1.27	1.41	2.69	11	2
10	파리	프랑스	13,561	93,003	1.30	1.07	2.37	9	-1
11	샌디에이고(캘리포니아)	미국	19,665	34,635	1.88	0.40	2.28	10	-1
12	나고야	일본	19,327	24,582	1.85	0.28	2.13	12	0
13	워싱턴DC-볼티모어 (미주리)	미국	4,592	119,647	0.44	1.38	1.82	13	0
14	로스앤젤레스 (캘리포니아)	미국	9,764	69,161	0.93	0.80	1.73	14	0
15	런던	영국	4,281	107,680	0.41	1.24	1.65	15	0
16	휴스턴(텍사스)	미국	10,852	51,163	1.04	0.59	1.63	16	0
17	시애틀(워싱턴)	미국	11,558	34,143	1.10	0.39	1.50	17	0
18	암스테르담-로테르담	네덜란드	4,409	78,602	0.42	0.91	1.33	18	0
19	쾰른	독일	7,827	47,161	0.75	0.54	1.29	20	1
20	시카고(일리노이)	미국	6,167	57,976	0.59	0.67	1.26	19	-1

출처: WIPO(2021)

반면 클러스터에 속하지 않은 곳은 이른바 '지방 소멸' 현상이 심화하는 중이다.[23] 고소득 일자리를 찾아 젊은 인구가 빠져나간 자리를 메울 방법이 없다 보니 일본 전국의 빈집 비율이 2018년 기준 15%에 육박하고 있다.[24] 특히 최근에는 노령층마저 도쿄 등 대도시로 몰려드는 현상이 나타나 주택시장 양극화가 더욱 심화될 전망이다.[25]

노인들이 대도시를 선호하는 현상이 나타난 데는 두 가지 요인이 크다.[26] 가장 큰 이유는 의료 시설이다. 인구가 줄어들면 의료기관이 문을 닫고 그 결과 의료 서비스 부족 문제가 부각된다. 한국에서도 이런 현상이 뚜렷해서 지방 사람들의 외부 요인 사망률이 서울 사람들의 2배 이상으로 나타난다.[27] 외부 요인 사망이란 교통사고 등 다양한 종류의 사건 사고로 인한 사망을 뜻한다. 즉 병원이 멀리 떨어져 있거나 의사가 부족해 제때 치료를 받지 못한 사람이 그만큼 많다는 이야기다.

대도시로 노인들이 몰려드는 두 번째 이유는 '네트워크'다.[28] 의료 시스템뿐만 아니라 주변 인구의 감소가 부르는 외로움이 크다. 즉 자녀와 지인들이 살고 있는 대도시에서는 사회생활을 통한 행복감이 커지는 것은 물론 지원도 기대할 수 있다. 그리고 한국과 일본 모두 고속철도를 비롯한 교통망 확충 덕분에 이동이 쉬워진 것도 이런 현상을 촉진했다. 자주 방문하다 보면 친밀감이 커지고 네트워크를 형성하기도 편하기 때문이다.

일본은행이 금리를 인상하면
부동산은 어떻게 될까?

이상의 요인을 감안할 때 일본의 부동산시장 양극화, 그리고 도쿄 등 대도시권의 호조세는 당분간 이어질 것으로 보인다. 물론 일본 중앙은행이 금리를 인상하는 등 긴축에 나서면 타격을 받겠지만 대도시 지역의 주택 공급이 만성적으로 부족한 상태여서 가격 상승세가 멈출 가능성은 낮다.

특히 엔화 약세 영향으로 기업들의 이익이 폭발적으로 늘어나는 것을 감안하면 소득 상승이 주택 가격을 밀어 올릴 가능성도 배제할 수 없다.

따라서 수도권과 긴키 등 일본 핵심 지역 맨션에 대한 투자는 여전히 매력이 있다고 생각한다. 일본 자산에 투자할 때 너무 환율에 신경 쓰지 말고, 이 자산이 소득이나 수익 대비 얼마나 저평가되어 있는지 생각하면 더 좋은 기회를 잡을 수 있으리라 기대한다.

3

한국 부동산시장의 미래,
클러스터에 있다!

정부의 택지 공급이
한국 주택시장에 미친 영향은?

미국과 일본 모두 부동산시장이 강한 상승세를 보이는 것은 공급 감소 때문이었다. 구매력을 갖춘 사람들이 선호하는 지역, 즉 대규모 클러스터에 주택이 부족한 것이 가격 상승 압력을 키웠다. 이런 현상은 한국도 마찬가지인 것 같다. [그림 4-10]에 나타난 것처럼 한국의 신규 주택 착공이 2010년 중반부터 감소했기 때문이다.

한국의 주택시장을 공부하다 보면 한 가지 특징이 발견되는데, 바로 가격과 공급이 밀접한 연관을 맺고 있다는 것이다. 주택 가격이 급등하면 주택 착공 증가율이 높아지고, 반대로 착공이 감소할 때는 대체로 주택 가격도 떨어진다. 이런 현상이 나타난 것은 한국 정부가 대규모 택지, 즉 집을 지을 수 있는 땅을 꾸준히 공급했기 때문이다.[29]

1962년 서울의 행정구역이 268제곱킬로미터에서 597제곱킬로미터로 확대되는 가운데, 강남 지역에만 26제곱킬로미터(800만 평)가 넘는 대규모 택지가 공급되었다. 이런 과정을 거쳐 최근 고급 주택지로 각광받는 반포와 잠실, 개포가 만들어졌다.[30]

[그림 4-10] 주택 착공과 주택 가격 상승률(1998~2023)

출처: 한국은행, KB부동산, 프리즘투자자문

 이 외에 1989년 노태우 정부의 200만 호 규모 신도시 추진
계획 발표에서 볼 수 있듯 한국 정부는 적극적으로 신규 택지
를 공급하기 위해 노력했다.[31] 이 영향으로 한국은 주택 가격이
오르기만 하면 신속하게 공급이 이뤄지는 구조를 만들어낼 수
있었다. 넓은 빈 땅에 상하수도 시설은 물론 전기와 도로까지
완비되어 있으니 건물만 올리면 되는 셈이었다.

한국 주택 공급의
감소 원인은?

그러나 이 흐름은 2010년대 초반에 급격히 제동이 걸리기 시작했다. 도시화가 일단락된 데다, 2008년 글로벌 금융위기 이후 시작된 불황이 한국 경제를 덮쳤던 것이다. 완공했지만 팔리지 않은 주택이 6만 호를 넘어섰다. 미분양 주택이 늘어나면서 건설회사와 개발회사 모두 심각한 자금난에 처했고 이는 연쇄적인 악순환을 유발했다.

2011년의 저축은행 뱅크런, 2013년의 동양증권 사태, 그리고 2016년의 대우조선해양 사건 등은 금융기관이 부동산 관련을 죄면서 시작되었다고 볼 수 있다. 이 문제를 해결하기 위해 박근혜 정부는 2014년 이른바 '9.1 대책'을 발표해 부동산시장의 구조를 크게 바꿔놓았다.

'9.1 대책'의 핵심은 수급 조절이다.[32] 수요를 자극하기 위해 노후 아파트의 재건축이 쉽도록 제도를 바꾸는 한편, 택지개발촉진법을 폐지하고 2017년까지 LH(토지주택공사)의 대규모 공공택지 지정을 전면 중단한다는 내용을 담았다. 택지개발촉진법은 공공택지를 개발하기 위해 이전에 살고 있던 사람들로부터 토지를 수용하기 쉽게 만든 법이다. 즉 정부 마음대로 땅을 수용해 아파트를 지을 수 있게 만든 법이니, 이 법의 폐지는 정부 주도의 주택 공급 시대가 사실상 끝났다는 의미로 받아들여졌다.[33]

이후 한국 부동산시장은 선진국처럼 공급에 예민한 시장이 되었다. 특히 2017년을 전후해서 기존 공급된 택지가 동난 이후 이 현상이 심화하기 시작했다. 김현미 전 국토교통부 장관이 "아파트가 빵이라면 제가 밤을 새워서라도 만들겠다"고 이야기했듯, 주택은 하루아침에 뚝딱 만들어낼 수 없기 때문이다.[34] 특히 2020년 코로나 팬데믹 당시 정부의 기준금리가 제로 수준까지 내려간 후에는 입주한 지 10년 넘은 집조차 '신축' 혹은 '준신축'으로 평가받으며 가격이 급등했다.

물론 이 상승세가 끝없이 이어질 수는 없었다. [그림 4-11](192쪽)에도 나타나듯이 소득에 비해 주택 가격이 너무 많이 오른 데다, 2022년 러시아의 우크라이나 침공 이후 시장금리가 오르면서 주택 가격이 폭락하고 말았다. 그러나 2023년에는 강한 반등세가 출현했는데, 만성화된 주택 공급 부족이 큰 영향을 미친 것으로 판단된다.

[그림 4-11] 한국 시간당 명목임금과 아파트 실거래가 추이(2011~2023)

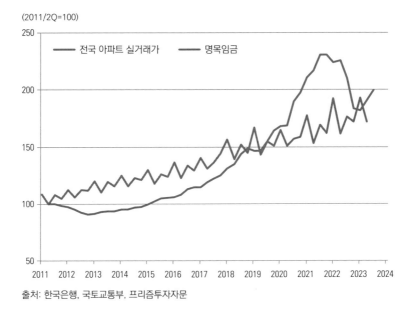

(2011/2Q=100)

출처: 한국은행, 국토교통부, 프리즘투자자문

인구 5,000만 밑으로 내려가는데
집값이 빠지지 않을 수 있나?

이 대목에서 "2040년이 되면 인구가 5,000만 명 밑으로 내려가는데 주택시장이 버틸 수 있을까?"라는 의문을 가진 독자가 있으리라 생각된다.

필자가 강의에서 항상 받는 질문인데, 이때마다 물과 다이아

인구와 투자의 미래 확장판

몬드 이야기를 한다. 물은 생명 유지에 필수적이지만 '물처럼 쓴다'는 표현이 있을 정도로 값싸게 구입할 수 있다. 반면 천연 다이아몬드는 공업 분야의 수요가 점점 줄어들고 있지만 가치는 대단히 높다. 왜냐하면 사람들이 점점 더 부유해짐에 따라 자신의 사회적 지위를 남에게 알릴 목적으로 다이아몬드를 선호하고, 또 채굴에 많은 시간과 비용이 필요하기 때문이다. 이 비유가 보여주듯, 어떤 재화의 수요는 대단히 다양한 요소에 의해 구성된다.

그렇다면 집은 물일까, 아니면 다이아몬드일까? 어떤 지역의 집은 물이겠지만, 인구가 집중되고 부자들이 모여드는 지역은 다이아몬드처럼 거래될 것이라 생각한다. [그림 4-12] 는 통계청이 추산한 수도권과 비수도권의 인구 변화를 보여준다.[35] 비수도권 인구는 2018년 2,582만 명을 정점으로 해서 2070년 1,799만 명까지 줄어드는 반면, 수도권 인구는 2020년 2,596만 명에서 2032년 2,650만 명까지 늘어난다. 이 전망에서 알 수 있듯이 수도권 인구는 적어도 10년 내에는 감소할 가능성이 낮다.

물론 왜 10년 뒤의 이야기는 안 하느냐고 반문할 수도 있는데 필자도 그 뒤에 벌어질 일은 잘 모르기 때문이다. 2006년 《인구 변화가 부의 지도를 바꾼다》 발간 시점에 2014년을 바닥으로 주택 가격이 8년 연속 상승할 거라고는 꿈에도 몰랐던

[그림 4-12] 수도권과 비수도권 인구 변화(1970~2070)

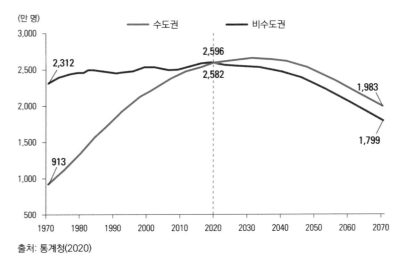

출처: 통계청(2020)

것처럼 말이다.

10년이라는 시간은 대단히 길며, 그 사이에 어떤 일이 벌어질지 감히 예상할 수 없다. 30년 넘게 경제 분석가 일을 하면서, 3년 혹은 5년이 넘는 긴 시간에 대한 장기 전망은 삼가는 게 바람직하다는 것을 잘 알게 되었다.

이 문제에 대해 세계적인 전문가 필립 테틀록 펜실베이니아대 교수는 1984년부터 2004년에 이르는 긴 연구 끝에 다음과 같은 결론을 내린다.[36]

1년 앞만 내다보면 되는 문제에 대해서는 전문가들의 적중률이 높았다. 하지만 1년이 넘는 장기간의 예측에서는 정확성이 떨어졌다. 가령 3~5년 정도 기한의 예측에서 전문가들은 다트를 던지는 원숭이들보다도 좋은 성적을 내지 못했다.

필자 역시 이 범주를 벗어나지 못한다. 따라서 3~5년 이상의 먼 미래를 대상으로 한 예측은 삼갈 계획이다. 이 책도 3~5년 뒤에는 절판하고 개정판을 내는 것이 독자에 대한 예의가 아닐까 생각한다.

어떤 지역의 집값이
상승할까?

앞의 일본 사례 연구에서 간단하게 설명한 것처럼 인구가 집중되고 일자리가 늘어나는 클러스터의 미래가 밝다고 본다. 한국의 클러스터 중에서 세계 100위에 들어가는 곳은 4군데다.

첫 번째는 서울 클러스터로 세계 3위를 자랑한다.[37] 삼성전자와 서울대를 비롯한 글로벌 기업과 대학이 많은 일자리를 만들어내고 있기 때문일 것이다. 그리고 20~25위에 대전이 위치하고 있다. 대전은 LG화학과 KAIST로 대표되는 연구단지가 높은 점수를 얻었다. 이 밖에 부산이 세계 51~75위에 속했고, 대구가 76~100위에 이름을 올렸다.

물론 이 순위가 영원불멸한 것은 아니다. 일본 도쿄-요코하마의 위상은 수년째 확고부동하지만 그 외의 도시들은 끊임없이 요동쳤다. 당장 매년 이뤄지는 대학 평가에서 KAIST와 포스텍, 울산과기원 등 일부 지방 대학 랭킹이 크게 상승한 것이 이를 뒷받침한다.[38] 따라서 각 지방자치단체가 현재의 랭킹에 만족하지 않고 더 향상하기 위해 노력하고 불필요한 지출을 줄여나간다면 희망은 남아 있다 생각한다.

이 과제가 쉬운 것은 아니다. 당장 잼버리와 레고랜드, 영암 F1 행사 유치에서 보듯, 지방자치단체가 국제 행사와 거대 위락시설을 유치했다가 큰 어려움을 겪었기 때문이다.[39] 지역 경제 활성화에 도움이 될지는 모르지만 장기적으로 오히려 발전을 지체할 위험이 높아졌다고 생각한다. 베이비붐 세대가 나이 들어 더 이상 여행 다니지 못할 때 X 세대나 밀레니얼 세대가 주된 여행자로 부상할 텐데, 이들이 과연 외국 대신 국내를 선택할 것인지 생각해보면 된다.

2022년의 감사원 조사에 따르면 지방 공공시설은 2015년 667개에서 2019년 863개로 급증했는데 적자 규모가 6,081억에서 9,937억 원으로 늘어났다.[40] 이런 현상이 나타난 것은 이용 인원이 계속 줄어드는데도 무작정 공공시설을 늘리는 데만 몰두했기 때문이다. 참고로 복지 관련 시설의 적자 규모는 크게 늘어나지 않았지만 문화와 체육 시설 적자는 날이 갈수록 커지는 중이다.

더 나아가 지방에서 유출되는 청년을 잡아두는 노력이 부족하다는 것도 문제다. "벚꽃 피는 순서대로 문 닫는다"는 자조 섞인 이야기가 나올 정도로 지방 대학들이 어려움을 겪는데, 지방자치단체들이 이들의 어려움을 덜어주기 위해 얼마나 노력하고 있는지 의문이다.[41] 따라서 행사 유치와 공공시설 건설 등에 낭비되는 돈을 고등교육 기관 육성과 출산 지원에 쓰면 더 긍정적인 미래가 펼쳐지리라 생각한다.

부동산시장의 동조화도 잊지 말아야 할 요인!

한국 부동산시장의 미래를 이야기하며 덧붙일 게 하나 있다. 선진국 베이비붐 세대의 은퇴는 다른 나라 부동산시장에도 큰 영향을 미칠 가능성이 높다는 것이다.

이 영향력을 보여주는 사례가 국제적인 금리의 동조화다. 미국의 베이비붐 세대가 거대한 저축을 보유하고 있고, 이 돈은

[그림 4-13] 한국과 미국의 장기 국채 금리(2019~2023)

출처: TRADINGECONOMICS.COM

자국 내 금융기관을 통해 전 세계로 퍼져나간다. 이 결과 [그림 4-13]에서 보이듯이 미국과 한국 채권 금리는 짝을 맞춘 것처럼 비슷한 방향으로 움직이고 있다.

물론 선진국 베이비붐 세대의 과잉 저축 외에 미국의 강력한 영향력도 크게 작용했을 것이다.[42] 더 나아가 이와 같은 금리 변화가 각국 경제, 특히 부동산에도 큰 영향을 미치고 있다.

[그림 4-14]는 서울의 아파트와 미국의 주택 가격을 보여주

[그림 4-14] 서울 아파트와 미국 주택 가격 추이(1986~2022)

(1986=100)

비고: 원화 기준
출처: 한국은행, 세인트루이스 연은, 프리즘투자자문

는데, 2008년 이후 강력한 동행성이 발생했다. 이런 현상이 나
타난 가장 직접적인 이유는 금리일 것이다. 미국 금리가 상승
할 때 한국 금리도 상승하고, 이게 다시 부동산시장에 공통의
영향을 미치는 것이다.

따라서 상당 기간 미국과 한국 주택시장의 동조화가 심화할
것이다. 이제 "인구 감소로 주택시장 망한다" 같은 이야기에 귀
를 기울이기보다, 미국의 정책금리 변화와 한국 수출 동향에

관심을 기울이고 인구와 일자리가 어디에 집중되는지 살펴보는 자세를 가졌으면 한다.

더 나아가 미국 경기도 한국에 직접적으로 영향을 준다. 미국 부동산 가격이 상승하고 소비자들의 지출이 늘어나면 삼성전자와 현대차 등 한국 수출 기업의 매출이 늘어날 것이다. 이는 곧 경제 전반에 강력한 호황을 불러와 주택 매수 열기를 높일 가능성이 높다.

주택은 워낙 비싼 자산이기에 금리 하나만 보고 투자하기에 두렵다. 따라서 임금이 인상되고 승진하는 등 각 가정의 소득 전망이 개선될 때, 부동산시장에 강력한 매수세가 유입되는 것이다.

미국의 절망사(despair death)
이야기

세계 선진국의 기대수명은 일제히 상승하는 중이지만 유독 미국에서는 기대수명이 감소하고 있다. 기대수명 감소를 주도하는 집단은 40대 남성이며, 이들을 죽음으로 몰아넣는 주범은 바로 약물 중독이다.[43] [그림 4-15](202쪽)에 나타난 것처럼 화재와 추락 등의 사고로 인한 사망자는 급격히 줄어들고 있지만 약물 중독에 의한 사망자가 급증하는 것이다.

이처럼 저소득·저학력 백인들이 자살, 약물 중독, 알코올 중독으로 사망하는 것을 절망사(despair death)라고 한다.

이런 일이 벌어진 것은 결국 정보통신과 세계화의 흐름에 따라가지 못한 이들이 알코올과 약물에 의존하기 때문이다. 음주량 변화를 추적한 앵거스 디턴 프린스턴대 교수의 연구에 따르면 1970년대 중반에 태어난 이들의 음주량이 1935년에 태어난 이들의 1.5배 이상이었다. 그런데 이 격차는 대부분 저학력자들이 주도한다(203쪽 [그림 4-16] 참고).

[그림 4-15] 미국의 추락, 화재, 익수, 독극물로 인한 사망자 추이(1903~2014)

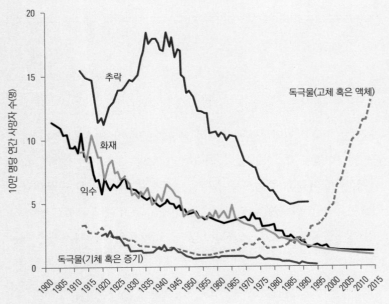

출처: 스티븐 핑커, 《지금 다시 계몽》(2021)

기술과 사회의 변화에 신속하게 대응하지 못하는 이들이 약물에 중독
되고 또 자살률을 높이는 악순환이 벌어지는 셈이다.

탐욕적인 제약회사들의 제품 개발과 로비가 이 문제를 더욱 심화했다.
예를 들어 마약성 진통제인 펜타닐은 중독성이 강해서, 미국 질병통제

인구와 투자의 미래 확장판

[그림 4-16] 켄터키주 45~54세 비히스패닉 백인의 교육 수준별 사망자 (자살, 약물 과용, 알코올성 간 질환) 추이(1992~2016)

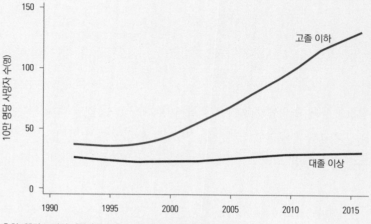

출처: 앵거스 디턴, 《절망의 죽음과 자본주의의 미래》(2021)

예방센터(CDC)는 2021년 미국에서 펜타닐 과다 복용으로 사망한 사람이 7만 명에 달한다고 보고했다.[44] 최근 미국 바이든 정부가 펜타닐의 생산을 규제하라고 중국에 요구하는 등 다양한 대책을 마련하는 것을 보면 이 추세가 조금은 완화되지 않을까 생각해본다.[45]

글로벌 대기업들은 왜
집값 비싼 실리콘밸리를 벗어나지 않을까?

땅값이 비싼 실리콘밸리에서 기업들이 떠나지 않는 것에 대해 의문을 가진 경제학자 엔리코 모레티는 《직업의 지리학》에서 흥미로운 이야기를 들려준다.

선마이크로시스템스에서 22년간 최고경영자를 지낸 스콧 맥닐리는 "집 사는 데 350만 달러를 쓰지 않아도 되고 봉급의 절반을 세금으로 내지 않아도 되기 때문에 더 적은 봉급을 받고도 일하겠다는 기술자들이 많은 아시아와 여타 지역으로 실리콘밸리가 이동하고 있다"고 지적한 바 있다.

설득력 있는 주장이다. 그런데 실상은 전혀 다르다. 미국에서 혁신 부문의 일자리는 늘고 있으며, 그 성장 속도는 경제의 다른 부분보다 훨씬 빠르다. (중략) 예를 들어, 지난 10년에 걸쳐 인터넷, 소프트웨어 그리고 생명과학 부문의 일자리 성장률은 경제 여

타 부문들의 전체 일자리 성장률보다 여덟 배 이상 높았다.[46]

이상한 일 아닌가. 정보통신 기술의 발달 덕분에 원격 화상회의가 손쉽게 이뤄지는데 왜 미국 정보통신회사들은 실리콘밸리를 떠나지 않는 것일까? 미국의 교육이 특별히 대단해서 미국 학생들이 너무나 뛰어난 성과를 내기 때문에?

> 미국 근로자들이 유달리 숙련도가 높아 첨단기술 일자리가 미국에 만들어진다고 생각하는 사람들이 많다. 다시 말해 미국이 재능을 갖춘 인력을 압도적으로 많이 공급할 수 있기 때문에 혁신 부분이 미국에 계속 유지된다는 것이다. 이러한 주장은 흥미롭기는 하지만 거의 전적으로 신화에 가깝다. 미국 학교들의 낮은 학업 수준, 특히 첨단기술 기업에 가장 중요한 수학과 과학에서의 낮은 수준 때문에 평균적인 미국의 청소년은 대부분의 다른 선진국 및 신흥국 또래보다 처진다.[47]

그럼 무엇 때문에 미국 특정 지역(시애틀과 실리콘밸리, 뉴욕과 보스턴 등)에 첨단기술 분야의 기업이 집중되어 있을까?
전통 기업과 혁신적 기업의 이동성에 큰 차이가 있기 때문이라는 게 엔

리코 모레티의 지적이다.

　전통적 산업은 국외로 이전하기가 상대적으로 쉽지만, 혁신적인 기업들을 옮기기는 훨씬 어렵다. 장난감이나 섬유를 생산하는 공장이 있다고 치자. 그 공장을 이를 테면 중국이나 인도에 있는 완전히 다른 장소로 옮기는 것을 막을 수 없다. (중략) 철도나 항구가 가까이 있기만 하면 그 소재지가 정확히 어디냐는 그리 중요하지 않다.

　하지만 같은 논리가 혁신적인 기업에게는 통하지 않는다. 생명공학연구소나 소프트웨어 기업을 멀리 인적이 떨어진 곳으로 옮겨 놓고 그 연구소나 기업이 계속 혁신적이기를 기대할 수는 없다. 혁신을 창조하기는 훨씬 더 어려우며, 혁신 아이디어는 고립 상태에서 절대 탄생되지 않는다. 혁신적 생산을 위해서는 적절한 생태계를 찾아내는 것이 엄청나게 중요하다. 어떤 부문보다 더, 첨단기술 산업의 성공은 단지 그 근로자들의 우수성뿐만 아니라 그 기업을 둘러싼 전체 지역 경제에 달려 있다. (중략) 혁신적 산업은 한 덩어리로 뭉치는 경향이 강할 뿐만 아니라 이런 뭉침은 없어지지도 않는다. 화상 회의, 이메일, 인터넷도 이러한 뭉침의 정도를 낮추지 못한다.[48]

인구와 투자의 미래 확장판

이 결과 혁신 산업의 중심지는 나날이 커지고 이 중심지를 향한 이동 행렬은 끝이 없다고 모레티는 주장했다. 그럼 왜 혁신 기업들은 이들 중심지를 향해 이동하는 것일까?

> 경제학자들은 이 세 가지를 싸잡아 '뭉침의 힘(force of agglom-eration)'이라고 부르는데, 두터운 노동시장, 전문적인 사업 인프라의 존재, 그리고 가장 중요하게는 지식 전파가 그것이다. (중략) 어떤 지역에 몇몇 첨단기술 기업을 일단 유치하면, 다른 첨단기술 기업들이 뭉치기에 더더욱 매력 있는 곳으로 그 지역이 변모한다는 것이다. (중략) 첨단기술 산업은 이용 가능한 숙련 인력, 전문적인 공급업체들 그리고 지식의 흐름을 지원할 만큼 충분히 대규모인 혁신 중심지에 자리 잡음으로써, 더 창의적이고 더 생산적으로 변모한다.[49]

뭉침의 힘이 작동하는 영역, 특히 혁신 산업의 중심지가 그렇게 쉽게 바뀌지 않는 이유를 듣고 나니 앞으로 부동산시장의 양극화가 점점 더 심해질 것이라는 생각이 든다.

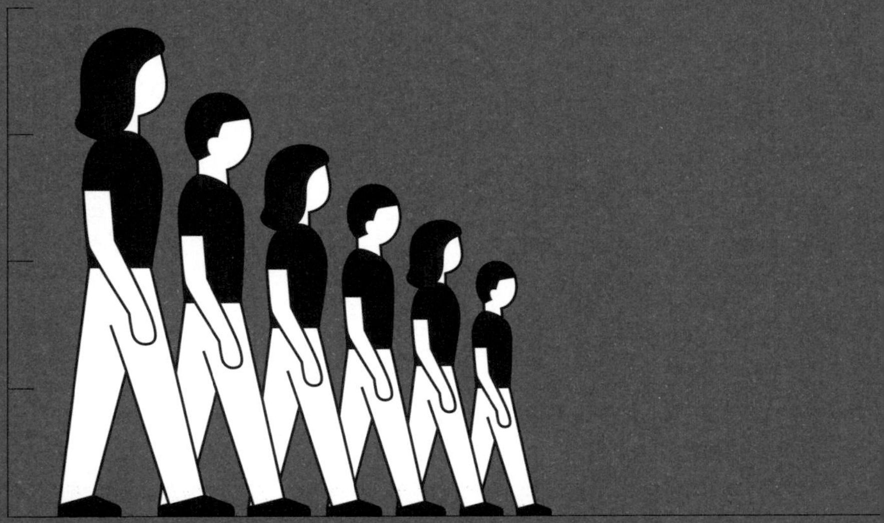

5장

인구와
주식시장의 미래

1

미국의 인구 구조와
주식시장의 관계는?

고령화와 주식시장의
상관관계는?

    부동산시장에 이어 미국 주식시장이 베이비붐 세대의 은퇴로 어떤 영향을 받았는지 살펴보자. 일부 투자자는 인구 고령화와 PER 사이에 아주 강력한 연관이 존재한다고 주장했다.[1] 주장을 요약하자면 젊은 인구가 줄어들 때 성장 탄력이 둔화되어 PER이 낮아질 것이라는 예측이다.

    그러나 [그림 5-1]에 나타난 것처럼 현실은 정반대였다. 이

[그림 5-1] 미국 주식 PER과 생산활동인구 비중(1960~2022)

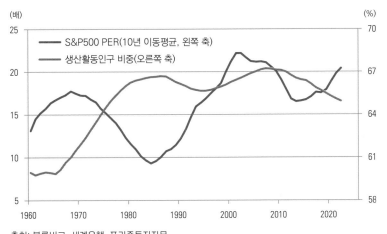

출처: 블룸버그, 세계은행, 프리즘투자자문

그림은 PER과 생산활동인구 비중의 흐름을 보여주는데, 생산활동인구 비중이 2000년대 후반부터 꾸준히 낮아지는데도 PER은 계속 상승하고 있다. 즉 생산활동인구의 변화와 PER 사이에 큰 연관이 없거나, 혹은 역(-)의 관계가 우세하다는 것이다. 왜 이런 현상이 나타났을까?

PER은
금리의 함수!

여러 학자의 연구에 따르면 PER에 가장 직접적인 영향을 미치는 것은 금리다. [그림 5-2] (214쪽)는 1871년 이후 미국 PER과 금리의 관계를 보여주는데, 시장금리가 높아질 때마다 PER이 낮아지는 것이 발견된다. 이런 현상이 나타나는 것은 기업의 가치가 미래에 지급될 배당금(혹은 현금흐름) 합계의 현재가치이기 때문이다.[2]

미래 현금흐름(이나 배당)이 늘어날 것으로 기대되는 기업의 주가가 시장 평균에 비해 높고, 반대로 미래 이익 전망이 밝지 않은 기업의 주가가 낮은 이유가 여기에 있다.

그런데 문제는 미래에 들어올 배당금을 어떻게 계산할 것인지다. 예를 들어 1970년대 한국처럼 1년 동안 시장의 이자율이

[그림 5-2] 미국 주식 PER과 장기 금리(1871~2022)

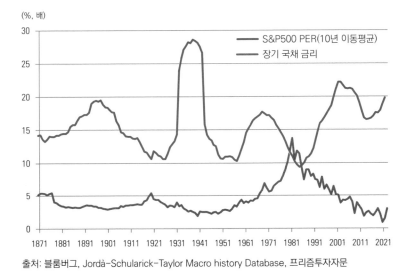

(%, 배)

출처: 블룸버그, Jordà-Schularick-Taylor Macro history Database, 프리즘투자자문

50% 내외라면, 현재의 1만 원은 내년에 1만 5,000원의 가치를 지닐 것이며 내년에 벌어들일 1만 원의 현재 가치는 6,600원에 불과하다.[3] 따라서 금리가 높을 때는 미래에 벌어들일 이익(혹은 배당)에 대한 관심이 낮아지고, 금리가 낮을 때는 미래 이익에 대한 가중치가 높아진다.

결국 금리가 낮을 때는 테슬라 같은 성장주에 대한 관심이 높아지고 또 실제로 시장 전체 PER이 높아지는 경향을 보인다. 반대로 1970년대처럼 금리가 매우 높은 레벨에 도달할 때는 성장주 폭락 사태 속에 시장 전체 PER이 매우 낮게 형성된다.

1972년의 '니프티 피프티(Nifty-fifty)' 장세 붕괴가 가장 대표적인 사례다. 니프티 피프티란 1960년대 말부터 1970년대 초까지 미국 기관투자가들이 가장 선호한 50종목으로서 코카콜라, IBM, 질레트, 필립모리스 등 기술력과 브랜드 가치를 보유해 안정적인 우량주가 포함되었다.

니프티 피프티는 1960년대 말에 주가가 급등하면서 강세장을 주도했지만 오일쇼크 전후로 붕괴해서 이후 10년 넘게 투자자들을 고통에 빠뜨린 바 있다.

따라서 글로벌 금융위기 이후 약 15년이 넘는 기간 동안 미국 주식시장이 강세를 보인 가장 직접적인 이유는 금리 하락이라고 볼 수 있다. 따라서 베이비붐 세대의 저축이 갑자기 소멸하지 않는 한 미국 주식시장의 PER이 급격히 떨어질 가능성은 낮아 보인다. 특히 미국 기업들의 실적 전망이 개선되는 상황에서는 더욱 그렇다.

미국 기업들의 수익성이
높아지는 이유는?

한때 미국의 경쟁력이 후퇴했다는 징후가 나타나기도 했지만 1980년대 초반을 고비로 미국 기업들의 수익성은 그 어느 때보다 높아진 모습이다.

[그림 5-3]은 1980년대 이후 미국 기업의 이익과 단위노동비용의 관계를 보여준다. 단위노동비용은 근로자의 임금과 생산성 수준을 비교한 것이다. 1980년대 초반과 2000년대 초반처럼 단위노동비용이 급격히 상승할 때 기업 실적이 붕괴하는 것을 발견할 수 있다.

그럼 미국의 단위노동비용은 왜 낮은 수준을 유지할까? 이유

[그림 5-3] 미국 기업 이익과 단위노동비용(1979~2022)

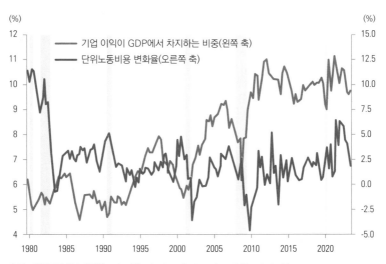

출처: 세인트루이스 연은(https://fred.stlouisfed.org/graph/?g=1c4wF)

는 크게 두 가지인 것 같다. 첫 번째는 저금리와 리쇼어링 등에 힘입어 미국의 생산성 향상이 지속된 것이다. 생산성을 향상하는 가장 손쉬운 방법은 자본 장비에 대한 투자를 늘리는 것이며, 저금리 환경에서는 설비 투자가 더 활발해진다. 예를 들어 테슬라가 2017년 좋은 조건으로 회사채를 발행하지 않았다면 2020년 시작된 전기차 붐에 대처하기 힘들었을지도 모른다.[4]

더 나아가 이민자가 지속적으로 유입되며 임금 인상 압력을 억제하는 것도 무시 못 할 요인이다. 2022년 한 해에만 미국 시민권을 획득한 사람이 100만 명에 근접할 정도로 많은 이가 미국으로 몰려들고 있다.[5] 특히 멕시코와의 국경을 통해 저임금 근로자들이 끊임없이 유입되고, 아시아 정보통신회사의 직접 투자가 노동조합이 없는 남부 지역 중심으로 이뤄지는 것도 이런 현상을 부추기는 요인으로 작용하는 것 같다.

주식시장의 수급은
부정적이지만…

물론 기업 이익이 개선된다고 해서 주가가 꼭 오르라는 법은 없다. 특히 베이비붐 세대가 보유 주식을 줄여 채권이나 예금 등 안전자산에 대한 비중을 높이는 중이라는 것도 감안할 필요가 있다. 미국 근로자들은 다른 나라에 비해 확정기여형(Defined Contribution, DC) 퇴직연금, 즉 401k 계정을 통해 자산을 운용하는 비중이 높다는 것도 수급 균형을 무너뜨릴 요인으로 손꼽힌다.

확정기여형은 근로자가 퇴직연금을 운용한 성과를 퇴직 후 연금 형태로 수령하는 유형이다. 한국에서는 DC형 퇴직연금 비중이 매우 낮지만, 미국은 2023년 기준 DC형 퇴직연금 자산 규모가 9조 3,000억 달러이며 이 가운데 6조 7,000억 달러(71.5%)가 주식이나 뮤추얼펀드에 투자되어 있다.[6] 따라서 이 정도의 자금이 일거에 인출된다면 주식시장이 큰 충격을 받을 수 있다.

그러나 최근 401k 계정의 흐름을 보면 아직까지는 본격적인 인출 징후가 나타나지 않고 있다. 이런 현상이 나타나는 이유는 두 가지로 보인다. 첫 번째 이유는 최근 노동시장에 진입하는 MZ 세대가 적극적으로 주식에 투자하는 데 있다. 한때 MZ 세대는 주식 투자에 무관심하다는 평가를 받았지만 코로나 팬데믹 이후 180도 달라진 모습을 보이고 있다.

두 번째 이유는 부유한 베이비붐 세대들이 돈을 한 번에 인출하는 것이 아니라 천천히 인출하는 식으로 운용한다는 점이다. 2008년 글로벌 금융위기 이후 지속된 주식시장의 강세 속에 낙관론이 대두되었기 때문일 것이다.

[그림 5-4] 미국 401k 계정 적립 현황(2000~2021)

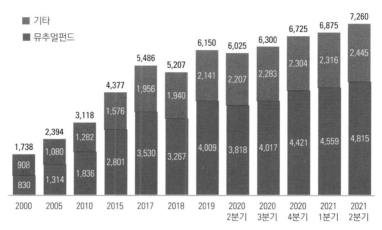

출처: ICI(2021)

　　따라서 주식시장의 수급 여건은 대체로 부정적이지만 심각한 위험에 처해 있다고 보기는 어려울 것 같다. 특히 베이비붐 세대의 저축이 시장 실질금리를 낮출 가능성이 높다는 점을 감안할 때, 전체적인 영향은 크지 않을 듯하다.

　　결국 미국 주식시장의 최대 위험은 '버블' 리스크가 아닌가 생각한다. 기업 이익의 지속적인 성장과 낮은 실질금리의 결합은 곧 1970년대 니프티 피프티 장세, 혹은 2000년을 전후한 인터넷 버블의 재현으로 이어질 수 있기 때문이다.

2

일본 주식시장의 미래는?
장기 투자 대상으로 적합!

일본 기업의 수익성 개선 이유 ①
- 정부의 구조 개혁

2023년 말 일본 주식시장은 이익이 강하게 증가한 것에 힘입어 1991년 이후 최고 수준에 도달했다. [그림 5-5]는 일본 법인기업의 이익 흐름인데, 2000년대 중반에 이미 1990년 레벨을 넘어선 것을 발견할 수 있다.

2000년대 중반부터 일본 기업의 실적이 개선된 가장 직접적

[그림 5-5] 일본 법인기업의 분기별 이익 추이(1960~2023)

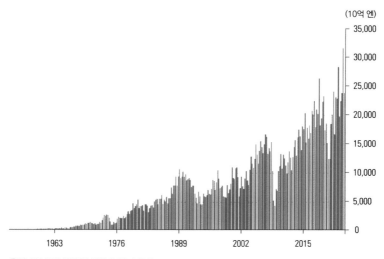

출처: TRADINGECONOMICS.COM

인구와 투자의 미래 확장판

인 이유는 고이즈미 개혁이었다. 고이즈미 정부는 "구조 개혁을 하지 않으면 일본 경제의 재생은 없다"고 선언하며, 정부 조직을 개편하고 후생연금(한국의 국민연금에 해당함)을 개혁했으며 노동시장의 구조를 바꾸기 시작했다.[7]

물론 이는 일본 근로자 입장에서 좋은 일은 아니었다. 일본 특유의 '종신고용' 시스템이 해체되고 이른바 '블랙 기업'이 대거 등장한 것도 이때의 일이다. 블랙 기업이란 고이즈미 정부의 노동시장 개혁을 활용해 인턴을 대거 채용한 후 일정 기간이 지나면 해고하는 식으로 근로자를 착취하는 기업을 뜻한다.[8]

그러나 고이즈미 정부의 구조 개혁을 '실패'라고 단언하기는 어렵다. 이 개혁 정책을 시행한 이후 일본 기업들의 경쟁력이 강화되고 전체 고용도 늘어나는 등 긍정적 효과가 우세했기 때문이다.[9]

일본 기업의 수익성 개선 이유 ②
- 외국인 투자자의 지분율 상승

기업 이익이 크게 늘어나자 외국인 투자자들이 움직이기 시작했다. 1990년 외국인의 도쿄 주식시장 지분율은 단 5%에 불과했지만 2000년대 초반에는 20%를 돌파했고 2020년에는

30% 선에 이르렀다.[10]

외국인의 대규모 매수에도 불구하고 일본 증시가 2020년까지 침체된 것은 은행의 끝없는 주식 매도 때문이었다. 일본은 특유의 '메인 뱅크' 시스템을 가지고 있었다. 은행이 주요 기업에 장기간 거액의 대출을 해주는 대신 기업 지분을 보유하는 것이다. 은행은 대출해준 기업의 경영 상태를 깊숙하게 파악할 수 있고, 기업은 심각한 위기가 찾아올 때 은행의 도움을 기대할 수 있어 '윈-윈' 구조를 만든 것으로 보였다.

그러나 1990년 주식시장 폭락과 함께 이 관계는 급작스럽게 끝나고 말았다. 보유 주식의 손실 규모가 걷잡을 수 없이 커지면서, BIS 기준 자기자본비율이 크게 하락했기 때문이다. 자기자본비율은 대출과 주식 같은 위험 자산에 비해 얼마나 많은 자기자본을 보유하고 있는지를 나타낸다.

자기자본비율이 통상 8% 밑으로 내려가면 부실 은행으로 간주되어 정부의 공적 자금 투입과 함께 대규모 정리해고가 단행된다. 따라서 은행들은 보유 주식 가치가 더 떨어지기 전에 처분하려고 노력했고, 기업들은 메인 뱅크의 주식 매도 공세로 자사 시가총액이 크게 줄어드는 것을 지켜보아야만 했다.

물론 은행들도 할 말이 없었던 것은 아니다. 일본 기업들이 1980년대에 사들였던 토지 자산의 규모가 너무 커서, 자산 가

인구와 투자의 미래 확장판

격 하락으로 큰 손실을 입을 것임을 알아차렸기 때문이다.

더 나아가 재무 구조가 부실한 일부 기업이 대대적인 회계 부정을 저지른 것도 신뢰를 깨뜨리는 요인으로 작용했다.[11] 한때 세계 최대의 낸드플래시 메모리 제조사였고, 세계적인 원자력 기업 웨스팅하우스를 소유한 도시바의 대규모 회계 부정 사건이 대표적이다.

도시바 사장의 임기는 대략 4년이지만 퇴임 이후에도 회장이나 상담역 등의 이름으로 회사에 남아 권력을 휘두르는 전통이 있었던 게 문제였다. 2006년 인수한 웨스팅하우스가 도시바 문제의 시작점이었는데, 2008년 글로벌 금융위기로 큰 손실을 입은 데 이어 2011년 동일본 대지진 이후 일본에서 원자력발전소 폐쇄가 시작된 것이 치명적인 영향을 미쳤다고 한다. 손실이 발생한 직후 고백했으면 좋았을 것을, 경영진이 계속 후임자에게 떠넘기는 식으로 문제가 커지다 결국 터져버렸다.

도시바뿐만 아니라 저팬디스플레이, 올림푸스 같은 유수의 기업들이 앞다퉈 회계 부정을 저질렀기에 주식시장의 수급은 개선되기 힘들었다. [그림 5-6] (226쪽)과 같이 은행은 물론 개인 투자자들의 주식 매도 공세가 끝없이 이어졌고, 일본 주식시장은 '잃어버린 30년'을 보내야만 했다.

[그림 5-6] 일본 도쿄 증시의 매매 주체별 지분 변화(1970~2022)

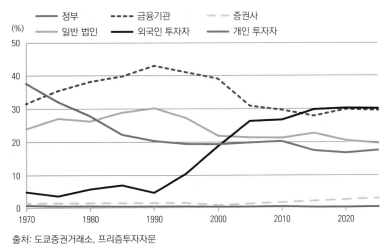

출처: 도쿄증권거래소, 프리즘투자자문

일본 주식시장의
미래는?

　주가가 10년 넘게 상승하고 있음에도 불구하고 일본 주식시장은 매우 '싼' 편이다. [그림 5-7]은 달러로 환산한 일본의 주가를 BPS 레벨에 맞춰 그린 것이다. BPS란 주당 순자산가치(Book Value per Share)이며, PBR 1배는 주식 가격과 BPS가 동일하다는 뜻이다. 반대로 PBR이 2배라면 주가가 BPS의 2배 수준에서 거래된다는 뜻이다. 일본 주식 가격이 많이 올랐다고 하지

[그림 5-7] MSCI 일본 PBR 밴드(1997~2023, 역사적 평균=1.55배)

출처: 블룸버그, 프리즘투자자문

만 역사적 평균 레벨에 비해 아직 저평가되었음을 알 수 있다.

이는 엔화 약세가 지속되어 달러 환산 주가를 떨어뜨린 데다, 2020년 코로나 팬데믹 같은 외부 악재가 발생할 때마다 주식 가격이 크게 떨어졌기 때문이다. 즉 금융시장 참가자들이 아직 일본 주식시장을 신뢰하지 못한다고 볼 수 있다. 워낙 긴 시간 주식시장이 침체했고, 일본 투자자들이 지속적으로 주식을 매도하는 등 수급 불균형에 대한 우려가 큰 탓이라 생각한다.

그러나 기업들의 구조조정이 상당 부분 진척된 데다, 주식시장의 수급 여건도 개선되었기에 미래가 밝아 보인다.

일본은행은 언제 통화 정책을
정상화할까?

이 대목에서 "일본 중앙은행이 금리를 인상하면 주식시장도 어려워질 수 있다"며 반론을 제기하는 독자들이 있을 것이다. 결론부터 이야기하자면 일본 중앙은행이 상당 기간 금리 인상을 자제할 것이라 생각한다. 왜냐하면 아직 디플레, 즉 물가의 지속적인 하락 현상이 퇴치되었는지 불확실한 면이 있기 때문이다.

[그림 5-8]은 일본의 소비자물가와 임금 상승률을 표시한 것인데, 실질 임금 상승률이 마이너스라는 것을 알 수 있다. 실업률이 2.5%까지 떨어지는 등 노동시장 여건이 개선되고 있지만 임금 상승이 출현하지 않고 있는 셈이다. 이러다 보니 일본의 단위노동비용은 마이너스 상승률을 기록하고, 기업의 수익성은 개선될 수밖에 없다.

필자가 일본 중앙은행 총재라고 가정하면 제로금리 정책을 유지하는 대신 장기 금리의 수익률 상한, 즉 YCC(Yield Curve Control) 정책은 수정할 것 같다.[12] YCC란 일본은행이 10년 만기 국채 금리의 상단을 정해놓고 직접 개입하는 것을 뜻한다. 예를 들어 YCC 상단이 0.5%라면, 금리가 이보다 올라갈 경우 10년

인구와 투자의 미래 확장판

[그림 5-8] 일본 소비자물가 상승률과 임금 상승률 추이(2014~2023)

출처: TRADINGECONOMICS.COM

만기 채권을 무제한 매입하는 식이다.

이 정책은 엔화 약세를 유도하고 경제에 현금을 살포하는 데
는 성공했지만 미국이 금리를 인상하며 많은 문제가 발생했다.
일본보다 미국의 금리가 4%포인트 이상 높은 수준을 유지하
니 엔화를 매도하고 고금리의 달러를 사들이는 거래가 폭발적
으로 증가한 것이다. 특히 일부 금융기관은 엔화를 제로금리로
대출받아 해외에 투자하는 식으로 수익을 극대화하기도 했다.

실제로 워런 버핏은 엔화 표시 회사채를 대량 발행했다.[13] 이런 식으로 엔화 자금 조달이 늘어나면 시장금리는 상승 압박을 받을 수밖에 없고, 일본 중앙은행의 채권 매수 금액이 걷잡을 수 없이 커지게 된다.

결국 2023년 7월 28일, 일본은행은 YCC 상단을 '0.5%'에서 '1.0%'로 상향한 데 이어 10월에는 YCC 상한선을 '목표치'라는 표현으로 바꾸는 등 현행 제도의 변화를 조금씩 추진하는 중이다.[14] 그러나 앞서 얘기한 것처럼 아직 디플레 위험이 완전히 퇴조되지 않았기에 제로금리 정책을 신속하게 해제할 가능성은 낮아 보인다.

금융시장 참가자들이 '일본이 디플레에서 완전히 빠져나왔다'고 생각하기 전까지, 다시 말해 아무도 일본 경제의 장기 불황 이야기를 하지 않을 때까지 제로금리 정책이 유지될 것이라고 본다. 그 시기가 언제가 될지는 단언하기 어렵지만 3~5년 내에는 가능하지 않을까 기대한다.

3

한국 주식시장은?
수출주 중심의
성장세 예상!

알아서 무너지는
중국

한국은 두 가지 면에서 큰 도전을 맞이했다. 하나는 중국의 도전이고, 다른 하나는 고령화 문제다. 그런데 먼 훗날은 모르지만 3~5년만 본다면 두 변수 모두 한국 기업 이익에 긍정적인 영향을 미칠 것이라 생각한다. 왜 그런지 본격적으로 살펴보자.

중국 경제부터 이야기하자면 세 가지 문제가 중국을 괴롭힐 것이다. 첫째는 미국의 통상 압력이고, 나머지 두 가지는 가난한 상태에서 맞은 고령화, 그리고 생산성 향상 둔화다. 미국의 통상 압력은 3장 1절에서 설명했으니 이제 나머지 두 가지에 집중해보자.

한국이 노령화로 큰일 났다 이야기하지만 1인당 국민소득 3만 달러 중반의 선진국이라는 것이 많은 문제를 완화해준다. 정부가 기초연금을 매년 인상해서 지급할 뿐만 아니라, 지방교부금과 교육 예산을 조금만 조정해도 어마어마한 자금을 투입할 여력이 있다.

그러나 중국은 가계와 정부 모두 노령화에 제대로 대비하지 못한 데다, '공동부유'라는 정책 목표를 달성하기 위해 최저임금을 가파르게 인상한 것이 문제가 되고 있다.[15]

중국 전역의 최저시급 평균은 2011년 9.8위안(한화 1,700원) 수준에 불과했으나 2022년 19.8위안(한화 3,800원)으로 2배 이상 높아졌다. 최저임금 인상이 근로자의 가계소득 증가로 연결되면 좋지만 글로벌 기업의 탈중국 속도를 높이고 말았다.

더 큰 문제는 중국 정부가 어마어마한 빚에 눌려 있다는 것이다. 국제통화기금(IMF)은 2023년 중국의 공식적인 정부 부채는 GDP의 69%이지만 음성적인 부채가 82%나 된다고 추산했다.[16]

음성적인 부채란 지방정부가 설립한 각종 투자 기구(Local Governance Financing Vehicle, LGFV)가 빌린 돈을 뜻한다. 이들은 지방정부의 암묵적인 보증하에 은행 대출을 받아 대규모 인프라 사업을 추진했지만, 2021년 부동산 불황이 시작되며 대거 부실화되었다. 이렇게 부채가 쌓이면 정부가 과거처럼 적극적으로 개입하기가 쉽지 않다.

고령화와 재정 악화보다 어쩌면 더 큰 위험 요인은 생산성 향상이 부진한 것이다. 중국이 1978년 이후 강력한 경제 성장을 달성한 것은 풍부한 노동력과 외국인 직접투자 그리고 국영 기업의 공격적인 투자 덕이 컸다. 그러나 이 삼박자가 이제 모두 어긋나는 것 같다. 인건비가 상승하는 가운데 외국인은 중국을 떠나고, 기업들의 투자 효율이 갈수록 떨어지고 있으니 말이다.

　자본 투자는 처음에 큰 효과를 발휘하지만 근로자 한 명당 투입된 자본의 양이 늘어날수록 효과는 줄어든다. 이 문제를 해결하기 위해서는 총요소생산성 향상이 필수적이지만 개선 징후를 찾기 힘든 상황이다.

　무엇보다 근로자들의 교육 수준에 문제가 있는 데다, 기업들이 적극적으로 혁신을 추구할 인센티브가 없다. 행여나 혁신을 추구하다가 실패하면 큰 문책을 당할 수 있고, 심지어 쥐도 새도 모르게 없어질지 모르기 때문이다. 이 결과, 국영기업의 경영 성과가 민간 기업의 절반 수준에도 미치지 못한다고 한다.[17]

　즉 중국은 특혜성 저금리 대출을 국영기업(및 관련 기업)에 몰아줌으로써 '경쟁력이 약한 부분에 자금을 집중 지원하는' 어리석음을 저지르고 있다. 따라서 대대적인 개혁이 이뤄지지 않는 한 투자 효율은 갈수록 낮아지며 경제 성장의 저해 요인으로 작용할 가능성이 높다.

　세계 주요 연구기관이 3년 내 중국의 잠재 성장률이 3% 전후로 떨어질 것이라고 전망하는 데는 다 이유가 있다.[18]

인건비 절감 효과가
이익 개선 추세를 주도할 듯!

한국 기업의 경쟁력 개선에 기여하는 것은 중국의 몰락만이 아니다. 베이비붐 세대의 은퇴도 큰 기회로 작용할 것이다.

필자가 모 은행에 다니던 시절, 부서 내 과장 이상 직급자 대부분이 필자보다 나이가 많았다. 언제 입사했는지 물어보니 죄다 1990년대 초반이었다. 당시 김영삼 정부 주도로 금융 규제 완화가 이뤄지면서 신규 은행이 우후죽순 생기는 한편, 지점 숫자에 관련된 규제가 완화되며 채용이 급격히 증가했다. 예를 들어 시중은행의 자본금 규모가 1980년 650억 원에서 1994년 8,200억 원으로 늘어날 정도였다.[19]

이 결과 은행원들의 경쟁 압력은 상상 못 할 정도였다. 입행이후 5~10년마다 승진 기회가 제공되는데, 이 기회를 놓치면 이른바 '만년 과장' 신세가 될 터였기 때문이다. 한 해에 수백명 입사했는데 승진 문턱은 대리에서 과장, 팀장으로 진급할 때마다 높아지니 인사 적체가 이루 말할 수 없는 수준이었다.

그런데 최근 필자의 전 직장인 KB금융의 판매관리비 비율에 큰 변화가 생겼다. 판매관리비는 급여와 퇴직금 등 상품이나 서비스의 판매와 유지 과정에서 발생하는 비용을 뜻하는데,

KB금융의 판매관리비 비율이 2015년 20% 수준에서 2023년에 5% 수준까지 떨어진 것이다. 이처럼 비용이 줄어든 것은 인력 감축 때문이다.[20]

비슷한 일이 현대차에서도 나타났다. 판매관리비 비율이 늘 12~14% 수준이었는데 최근 10% 초반으로 내려갔다. 현대차도 KB은행과 마찬가지 인력 구조를 가지고 있었기에 벌어지는 일이다. 1980년대 후반의 '마이카' 붐과 1990년대의 규제 완화 영향으로 인력 채용이 특정 시기에 집중되었던 것이다.[21] 이 결과 현대차의 생산직 근로자 5만여 명 중에 1만 5,000명이 2025년까지 정년 퇴임하게 된다.[22]

최근 자동차산업 노동조합의 최대 이슈가 정년 연장과 고용 세습인 이유를 잘 알 수 있다.[23] 노동조합 주력 연령대 근로자들의 이해관계가 노사협상 요구에 반영되는 것은 어쩌면 당연한 일이다.

2023년 상반기에 현대차가 10년 만에 생산직 근로자를 채용했고, 2024년에도 채용하기로 결정한 것도 판관비 절감 흐름을 반영한 면이 있을 것이다.[24]

인구와 투자의 미래 확장판

금융, 전기·가스·증기·수도사업, 제조업의 수익성 개선 가능성 높아!

그러면 '장기 근속 근로자의 은퇴가 기업 경쟁력을 약화할 수 있지 않느냐'는 의문이 제기될 수 있다. 그러나 이 부분은 걱정할 게 없다고 본다. 은행산업과 자동차산업 모두 파괴적 혁신이 불어닥치고 있어, 기존의 '기술과 숙련'을 가진 이의 중요성이 크게 떨어졌기 때문이다. 파괴적 혁신이란 기업과 산업의 기술 구조 자체를 바꾸는 혁신을 의미한다.

이 용어를 사용한 클레이튼 크리스텐슨 하버드대 교수는 하드디스크산업에서 벌어진 '규격 변화'를 통해 파괴적 혁신이라는 아이디어를 떠올렸다.[25] 하드디스크산업도 반도체와 마찬가지로 기술 혁신이 빠르다 보니 혁신적인 기업들이 작고 작동 속도가 빠른 신제품을 출시하는 일이 벌어진다. 그러나 기존 플레이어들은 안정성 문제 등을 들어 채용을 꺼리고, 이 틈을 파고든 기업들이 차례대로 시장을 장악하는 일이 벌어졌던 것이다.

정보통신산업에서 벌어진 파괴적 혁신이 은행산업과 무슨 관련이 있나 싶을 텐데, 현금입출금기와 인터넷뱅킹이야말로 파괴적 혁신의 대표라 할 수 있다. 특히 인터넷은행까지 시장에 진입하면서 '더 편리한 서비스'를 제공하지 못하는 은행들은 고객을 잃어버릴 위험에 처해 있다.

그러나 나이 든 근로자 상당수는 이런 변화에 적응하기가 어렵다. 머리가 굳은 데다 그간 습득한 기술과 노하우를 버리고 새롭게 출발해야 하는 부담이 있기 때문이다. 이 결과, 은행들은 지점을 줄이는 한편 끊임없이 희망퇴직을 받아서 실적 개선이 나타나고 있다.

자동차산업 역시 내연기관 자동차에서 전기 자동차로의 이행기를 맞이했다는 점에서 은행산업과 비슷한 여건이다. 내연기관 자동차의 엔진을 조립하는 과정에 비해 전기차의 모터와 인버터, 배터리를 조립하는 공정이 훨씬 간단하기 때문이다.[26]

정년 퇴직한 근로자의 생산성이 얼마나 떨어지는지 파악하는 데 도움이 되는 지표가 바로 '주된 직장 퇴직 이후의 임금 변화'다. 그가 정말 시장에서 필요로 하는 능력(및 생산성)을 가지고 있다면 정년 이후 재취업할 때 소득이 크게 줄어들지 않을 것이다. 그러나 재취업 직장의 임금 수준은 주된 직장의 70% 수준에 불과하다.[27]

[표 5-1]에서 장기근속 근로자 퇴직 비율이 높은 업종을 살펴보면 금융업(K)이 16.0%로 압도적인 1위이며, 전기·가스·증기 및 수도사업(D)이 13.7%로 2위, 제조업(C)이 7.0%로 3위다. 앞으로 이 세 산업의 수익성 개선 가능성에 주목할 필요가 있다.

[표 5-1] 한국 산업별 장기근속 상실자 비율(2012~2022)

	산업	비율(%)		산업	비율(%)
A	농업·임업 및 어업	0.8	K	금융 및 보험업	16.0
B	광업	5.0	L	부동산 및 임대업	1.6
C	제조업	7.0	M	전문·과학 및 기술서비스업	4.4
D	전기·가스·증기 및 수도사업	13.7	N	사업시설관리 및 사업지원서비스업	0.9
E	하수·폐기물처리, 원료재생 및 환경복원	6.0	O	공공행정·국방 및 사회보장행정	1.2
F	건설업	2.5	P	교육서비스업	3.8
G	도매 및 소매업	3.8	Q	보건업 및 사회복지서비스업	0.9
H	운수업	6.1	R	예술·스포츠 및 여가관련서비스업	3.3
I	숙박 및 음식점업	0.9	S	협회단체, 수리 및 기타개인서비스업	2.6
J	출판·영상·방송·통신 및 정보서비스업	6.3			

출처: 김두순(2023)

혁신이 지속되는 나라의 주가가 상승하는 이유는?

금융과 자동차산업에서 시작된 파괴적 혁신은 경제 전반에 강한 영향을 미칠 가능성이 높다.

[그림 5-9] 주요 선진국의 총요소생산성 증가율과 주가 상승률

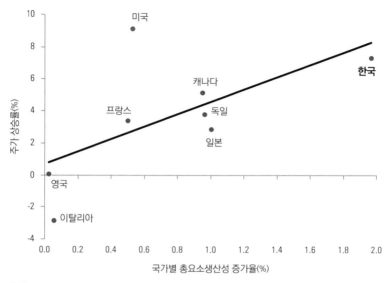

출처: OECD, 블룸버그, 프리즘투자자문

　[그림 5-9]의 세로축은 2005년 이후 2022년까지 주요 선진국 주가(MSCI USD 기준) 상승률이고, 가로축은 2010~2019년 총요소생산성 증가율을 나타낸다. 총요소생산성이 높아지면 주가도 상승한다는 것을 한눈에 알 수 있다. 오른쪽 위에 위치한, 총요소생산성이 연 2% 늘어나면서 주가 상승률도 7%대를 유지하는 나라가 바로 한국이다. 반면 그래프의 가장 아래에 자리 잡은 나라는 이탈리아다. 1999년 유로화 출범 이후 재정 위

인구와 투자의 미래 확장판

기를 겪으며 생산성이 단 1%도 성장하지 못하다 보니 주식 가격도 오르기 어려웠던 것 같다.

이런 관계가 형성되는 이유를 알아보기 위해, 어떤 나라 기업의 주당 순자산가치(BPS)가 경쟁력 개선 덕분에 매년 9%씩 높아진다고 가정해보자. 그럼에도 불구하고 이 나라의 주가순자산배수(PBR)가 1.0배 전후라면?

주당 순자산가치가 매년 9%씩 높아지는데 주가가 꼼짝하지 않을 경우, PBR은 이듬해 0.92배가 되고 2년 뒤에는 0.84배, 3년 뒤에는 0.77배까지 떨어질 것이다. 순자산가치에 비해 주가가 이렇게 낮게 형성되면 글로벌 투자자들의 레이더에 포착될 가능성이 높아진다. 글로벌 투자자들은 막대한 자금력을 활용해 주식을 매입한 후, 경영진에게 배당금 지급과 자사주 매입을 강력하게 요구함으로써 주가를 띄우려 애쓸 것이다. 물론 경영진이 이 요구를 거절할 수도 있지만 주가가 계속 순자산가치를 밑돌면 경영진에 대한 압박은 더욱 높아질 가능성이 높다.

물론 외국인 투자자들이 아예 투자할 수 없거나 지분율이 매우 낮은 기업에는 이 논리가 성립되지 않는다. 그래서 필자가 늘 강조하는 게 ① 수출 산업에 속하고 ② 외국인 지분율이 높으며 ③ 연구개발 투자가 왕성한 기업에 우선적으로 투자하라는 것이다. 참고로 삼성전자의 연구개발비는 2022년 한 해에만 24조 9,000억 원으로 전체 매출액의 8.2%에 이른다.[28] 이 원칙이 수익을 보장해주는 것은 아니지만, 실적이 매번 기대치에 못 미치고 경영진이 다양한 방식으로 주주의 재산을 망가뜨리는 위험을 피하는 데 도움이 된다.

내수 기업 몰락하는데
주식시장이 잘될 수 있나?

이제 마지막으로 '베이비붐 세대의 은퇴로 인한 소비 부진' 위험을 살펴보자. 700만 베이비붐 세대가 은퇴하고 이들의 소비가 줄어드는 것은 국가 경제에 큰 영향을 미칠 가능성이 높지만, 이게 주식시장과 어떤 연관을 맺고 있는지는 의문이다.

[그림 5-10]은 한국 코스피200에 속한 내수 기업과 수출 기업의 영업이익 추이를 보여준다. 내수 기업의 영업이익은 2001년 14조 원에서 2023년 67조 원으로 4배 이상 성장한 반면, 같은 기간 수출 기업의 영업이익은 13조 원에서 91조 원으로 6배 이상 성장했다. 특히 2022년에는 내수 기업의 영업이익이 44조 원에 불과한 반면 수출 기업의 영업이익은 164조 원을 기록했다.

이런 현상이 나타난 직접적인 이유는 '만성적인 내수 부진'이

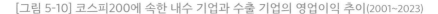

[그림 5-10] 코스피200에 속한 내수 기업과 수출 기업의 영업이익 추이(2001~2023)

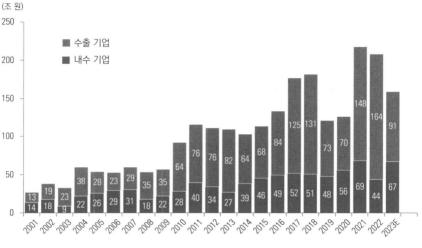

(조 원)

수출 기업
내수 기업

출처: Wisefn, 프리즘투자자문

다. 2002년 신용카드위기와 2011년 저축은행 사태를 계기로 서민 금융기관의 어려움이 심화되었고, 내수 경기는 2015년 정도를 제외하고는 좋은 적이 없었다.

특히 '한한령' 이후 중국인 관광객이 2016년 807만 명에서 2019년 602만 명, 2022년에는 단 23만 명으로 급격히 감소하면서 관광산업 전반에 치명적인 악영향을 미쳤다.[29] 더 나아가 해외여행이 활성화되는 가운데 해외 소비가 급격히 늘어나는 것도 내수에 부정적 영향을 미칠 요인이다.[30] 따라서 내수 산업의 이익은 미래에도 크게 늘어나기 어려울 것으로 보인다.

반대로 수출 산업의 전망은 매우 밝다. 미국의 중국 규제가 가속화되고 있지만 중국을 대체할 나라가 많지 않다. 멕시코와 베트남 정도가 경쟁자인데, 두 나라 모두 심각한 문제를 지니고 있기 때문이다. 멕시코는 2018년 이후 노동생산성이 5년째 마이너스 성장을 기록할 정도로 업무 효율이 떨어지는 반면 최저임금은 같은 기간 2.8배 올라서 비용 문제가 심각하다.[31]

베트남은 중국과 마찬가지로 정부 정책의 일관성 문제가 있다. 한국과의 교역에서 대규모 적자를 기록하고 있고, 특히 최종 수출품에서 차지하는 중간재(및 부품) 기여도가 매우 낮다는 것이 문제다.[32] 과거 중국이 그랬던 것처럼 기술을 빼내고 외국 기업들에 불이익을 주는 일이 없을 거라고 생각하기 어렵다. 더 나아가 중국과 마찬가지로 공산당 1당 독재국가라는 점에서 언제든지 '한한령' 비슷한 일을 일으킬 위험이 충분하다.

따라서 한국의 수출은 순환적인 등락은 있을지 모르지만 상당히 좋은 기회를 맞이한 것으로 보인다. 가장 강력한 경쟁자인 일본은 아직 디플레와 싸우는 중이고, 중국의 위협은 미국이 알아서 물리친 데다, 여타 경쟁국들은 아직 생산성과 정책 일관성 면에서 한국을 따를 수 없으니 말이다.

4

한국 국민연금의
미래는?

국민연금의 주식 투자 규모와
앞으로의 운용 방향은?

한국 주식시장이 베이비붐 세대의 은퇴로 큰 이익을 볼 것이라고 이야기했지만 한 가지 빼놓은 이슈가 있으니 바로 국민연금의 주식 매도 위험이다. 인구가 감소하고 연금의 운용 규모가 가파르게 줄어들 경우 국내 주식을 대규모로 매도할 것이라는 우려의 목소리가 높다.[33]

2023년 10월 말 기준 국민연금의 자산 배분 현황을 나타낸 [그림 5-11]을 보면 국내 주식에 13.2% 투자되어 있다. 국민연금 운용 규모가 968조 원이니 약 128조 원을 국내 주식시장에 투자했다. 국민연금의 국내 주식 매도가 논란이 되었던 2021년 4월의 약 180조 원에 비하면 50조 원 이상 줄어든 셈이다.[34]

국민연금의 국내 주식 투자가 줄어든 것은 두 가지 이유다. 가장 직접적인 이유는 2022년의 주가 폭락으로 큰 손실을 입은 것이다. 2021년 4월, 보건복지부가 국내 주식 매도를 사실상 중지한 이후 국내 주식시장이 폭락한 것이 문제가 되었다. 참고로 2022년 국내 주식 수익률이 -22.76%를 기록해서 60조 원 이상의 손실을 입은 것으로 분석된다.[35]

특정 자산이 큰 피해를 입으면 '리밸런싱(rebalancing)'을 통해

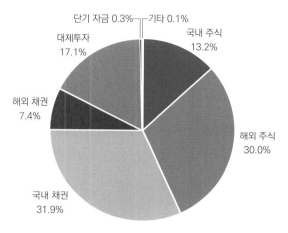

[그림 5-11] 국민연금 자산 배분 현황(2023년 10월 말)

단기 자금 0.3%
기타 0.1%
국내 주식 13.2%
해외 주식 30.0%
국내 채권 31.9%
해외 채권 7.4%
대체투자 17.1%

출처: 국민연금 기금운용본부, 프리즘투자자문

매수하는 것이 일반적이지만 국민연금은 국내 주식 투자를 늘리지 않고 있다. 리밸런싱은 특정 자산의 비중을 설정한 후 이를 유지해주는 행동이다. 예를 들어 국내 주식 비중이 18%인데 주가 폭락으로 14%까지 줄었다면 4%포인트에 해당하는 주식을 매입해서 18%를 맞추는 것이 리밸런싱이다.

국민연금이 국내 주식에 대한 리밸런싱을 하지 않았다는 것은 결국 국내 주식 투자 비중을 줄여나가기로 결정했음을 시사한다. 국민연금은 미래의 자산 배분 방향을 밝히지 않기 때문에 어디까지나 추정에 불과하지만, 2021년의 주식 매도 중지가 큰 분기점이 된 것 같다. 국민연금의 운용 규모가 커질수록 점점 더 국내 주식시장에 대한 영향력이 커지고 논란의 대상이 될 수밖에 없으니, 투자 비중을 최대한 줄이는 것이 어쩌면 맞는 방향으로 보인다.

그럼에도 국민연금이 당장 주식을 매도할 것 같지는 않다. 왜냐하면 국민연금의 운용 규모가 2040년 전후 1,700조 원 이상으로 불어날 가능성이 높기 때문이다.[36] 즉 국내 주식 비중을 줄일 뿐, 절대적인 국내 주식 보유액이 크게 감소한다고 보기는 힘들다.

국민연금의 고갈 시기와
개선 방안은?

현재와 같은 저출산·고령화 흐름이 지속되고 제도 변화가 없다고 가정할 때, 국민연금은 2055년 고갈 위험에 처할 것으로 추정된다. X 세대의 주력인 1970년대 초반 출생자들이 국민연금을 받는 2035년부터 운용자산의 성장이 멈추고 2040년대부터는 점점 줄어들기 때문이다. 따라서 X 세대가 은퇴하기 전에 국민연금을 개혁해야 고갈 시기를 늦추고 불안감을 해소할 수 있을 것이다.

그럼 어떤 방향으로의 개혁이 필요할까? 필자는 두 가지 대안을 함께 추진했으면 한다. 첫 번째 대안은 당연히 보험료율을 인상하는 것이다. [표 5-2]를 보면 현재 9%인 보험료율을 2025년부터 5년에 걸쳐 12%로 인상할 경우, 국민연금 소진 시점은 약 8년 늦춰진 2063년이 된다고 한다.

국민연금 보험료율을 12%가 아니라 15%나 18%로 인상하는 것도 대안이 되겠지만 이렇게 하면 내수 경기가 위축될 가능성이 높다. 18%로 인상한다면 기업이 9%, 개인이 9%를 납부하게 되어서 가계의 저축 여력이 위축되는 것은 물론 기업들의 인건비 부담이 올라가기 때문이다.

따라서 보험료율 조정 외에 국민연금의 운용 성과를 개선하기 위한 노력도 필요하다고 본다. 2023년 국민연금 재정계산

[표 5-2] 보험료율을 12%로 인상하는 데 따른 재정 안정 효과

구분	보험료 수입 < 급여 지출 시점	수지 적자 시점	기금 소진 시점 (적자 규모)	최대 적립 시점 (기금 규모) (GDP 대비 비율)	부과 방식 비용률 (소진 시점) (최대 시점) (2093년)	GDP 대비 급여 지출 (소진 시점) (2093년)
보험료율 12%(2025년부터 0.6%p씩 5년간)	2036년	2047년	2063년 (-181조 원)	2046년 (2,464조 원) (52.8%)	31.6%(2063년) 35.1%(2078년) 29.7%(2093년)	8.2%(2063년) 8.8%(2093년)

출처: 국민연금연구원(2023/09/01)

을 담당한 연구자들은 연금의 운용 성과를 연 4.5%로 가정했지만 이는 개선의 여지가 충분하기 때문이다.

[그림 5-12]는 한국을 비롯한 세계 주요 연기금 6개의 수익률이며 평균은 연 6.09%였다. 따라서 '재정계산' 보고서에서 채택한 4.5%는 매우 보수적인 전망이라 여겨진다. 물론 한국의 경제성장률이 둔화할 것을 감안해서 채택했다고 보이지만, 국민연금의 국내 자산 투자 비중이 급격히 낮아지는 중이라는 점을 고려할 필요가 있다.

[그림 5-12] 세계 주요 연기금의 수익률(2000~2022)

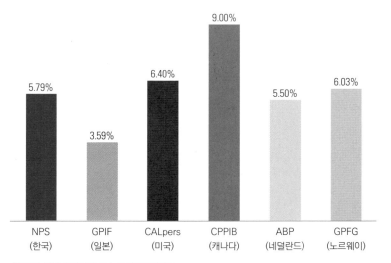

출처: 각 연기금 연차보고서, 프리즘투자자문

인구와 투자의 미래 확장판

국민연금의 운용 성과가 연 1% 개선될 때마다 국민연금의 고갈 시기가 약 4년 늦춰진다는 것을 감안하면, 운용 성과를 6.5%로 개선할 경우 고갈 시기가 2063년으로 늦춰질 것으로 예상된다.[37] 더불어 보험료율을 소폭이라도 인상한다면 고갈 시기가 2070년 이후로 미뤄질 것이다. 지금부터 약 50년 뒤에 고갈되는 것에 대해 벌써 전전긍긍할 필요가 없다는 생각이 든다.

국민연금의 성과를
개선할 비책은?

'국민연금 수익률을 선진국 연기금 수준으로 올릴 비책이 있는가?'라고 묻는다면 두 가지 답변이 가능할 듯하다.

첫 번째는 캐나다 국민연금(CPPIB)처럼 대체자산 투자를 늘리는 것이다. 대체자산이란 부동산, 사회간접자본, 사모펀드 같은 곳에 투자하는 것을 뜻한다.[38] 이 자산은 거래소가 없고 가격이 거래될 때만 확정되기에 'alternative asset'이라고 불린다. 대체투자라는 이름이 바로 여기에서 유래했다. 반대로 주식과 채권은 시장에서 '가격'이 표시되기에 'traditional asset'이라고 불린다.

최근 선진국 연기금이 대체자산 투자 비중을 늘리는 것은 주식·채권 가격과 다르게 움직이는 일이 잦아서 자산 배분의 효과를 높여주기 때문이다. 더 나아가 절대적인 성과도 대체자산이 더 높다.

이 전략을 개발한 이는 예일대 재단 기금을 운용하며 탁월한 성과를 올린 월가의 구루 데이비드 스웬슨이다. 스웬슨은 빈번한 매매가 힘들지만 장기적 성과가 기대되는 대체자산의 비중을 비약적으로 높임으로써, 지난 30년 동안 경쟁 기금에 비해 연평균 1.9%의 초과 성과를 달성했다.[39] 참고로 예일대 기금은 전체 자산의 90% 이상을 대체자산에 투자하고 있으며, 이것이 여러 경쟁 기금과의 가장 큰 차별점이다.

대체투자의 여러 가지 매력에도 불구하고 국민연금의 대체투자 비중이 17%에 불과한 것은 여러 제약 요인 때문이라 할 수 있다. 국민연금공단이 전북 혁신도시로 내려가 뛰어난 인력을 충원하기 어려워진 것도 부분적인 요인이지만 더 큰 문제는 결국 성과에 대한 보상이다.

대체자산 투자는 개별적이면서도 장기간 이뤄지는 특성이 있을 뿐만 아니라 투자 초기에 많은 비용이 집행된다. 따라서 대체자산 운용역은 다른 자산군에 비해 더 오랜 근무 기간과 다양한 경험이 필요한데, 이를 위한 인센티브가 제대로 집행되는지 의문이다. 다른 글로벌 연기금들은 대체자산 운용역에게 수

[그림 5-13] 주요 자산의 수익률과 투자 위험(%)

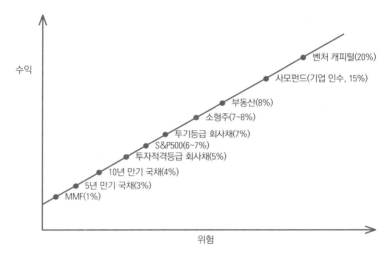

출처: 프리즘투자자문

백만 달러의 성과 보수를 지급하지만 국민연금은 다양한 제약이 있다. 결국 운용역의 이직률이 높고, 과거의 투자 프로젝트가 원활하게 이어지기 어렵다.

현재와 같은 성과 보상 시스템으로는 대체자산 투자를 크게 늘리기 힘들고 위험 관리도 쉽지 않을 것이다. 결국 국민연금에 남은 대안은 주식 비중 확대라 생각한다. 노르웨이 석유기금(GPFG)처럼 전체 자산의 70% 전후를 주식에 투자하고 나머지는 현금이나 채권 등에 투자하는 것도 방법이 될 것이다.[40]

노르웨이 석유기금은 1998년 이후 연평균 6.4%의 성과를 누린다는 점에서 충분히 해볼 만한 선택이라 생각한다. 대신 이 방법을 선택하면 종종 국민연금의 성과가 마이너스를 기록하더라도 인내할 수 있어야 한다.

　2022년 국민연금이 -8% 성과를 기록한 이후, 상당수 언론과 정치인이 일제히 국민연금을 공박해서 참 슬펐다.[41] 금융업계 종사자들은 국민연금이 국내외 주식에 55% 이상 투자하기로 한 '2023~2027년 국민연금 기금운용 중기자산배분(안)'의 결정으로 미래 국민연금의 성과 변동이 커질 것을 잘 알기 때문이다.[42]

　따라서 국민연금 운용역의 보수를 크게 높여주지 못한다면 국민연금의 장기적 성과에 평가를 집중해주기를 바란다.

5

노령화 시대,
투자는 어떻게?

베이비붐 세대의 은퇴가 본격화되며 기업들의 비용이 절감되는 데다, 중국 경제의 몰락이 시시각각 진행되고 있어 한국 주식의 미래는 밝다. 그러나 전망이 밝다고 해서 한국 주식에 '올-인' 투자할 이유는 없다. 왜냐하면 한국보다 다른 나라 주식시장이 더 오를 수도 있는 데다, 한국 주식시장은 장기 추세만 믿고 투자하기에는 너무 변동성이 큰 곳이기 때문이다.

2022년 주가 폭락의 원인은?

가장 대표적인 사례가 2022년이었다. 코스피200지수에 속한 기업들의 영업이익이 200조 원에 이르렀건만 주식시장은 큰 폭의 하락을 경험했기 때문이다. 2022년 초 러시아의 우크라이나 침공에 따른 심리적 위축이 가장 직접적인 요인이겠지만, 반도체 가격 폭락을 고비로 이익 전망이 가파르게 악화된 것이 직접적인 영향을 미쳤다.

[그림 5-14]는 한국 교역 조건(Term of Trade, TOT) 변화율과 경제성장률의 관계를 보여주는데, 2021년 상반기를 고비로 교역 조건이 급격히 악화되기 시작한 것을 발견할 수 있다. 여기서 교역 조건이란 수출물가와 수입물가의 비율을 뜻한다. 예를 들

[그림 5-14] 한국의 교역 조건 변화율과 경제성장률(2002~2024)

출처: 한국은행, 프리즘투자자문

어 반도체 등 한국 주력 수출 제품의 가격이 상승하면 교역 조건이 개선되고, 원유 등 수입 제품의 가격이 오른다면 교역 조건은 악화될 것이다. 문제는 교역 조건 악화가 약 1년의 시차를 두고 실물 경제 여건 악화로 연결된다는 것이다.

이런 시차가 발생하는 이유는 두 가지다. 첫 번째는 기업들이 수출 제품 가격 하락이 일시적인지, 아니면 수년간 지속될지 판단하기가 어렵다는 것이다. 제품 가격 하락이 장기간 지속될 것이라고 생각해서 설비 투자 계획을 중단하고 고정거래 가격을 대폭 인하했는데, 1~2개월 조정 이후 다시 가격 상승이 시작된다면 이 기업은 경쟁자들에 비해 실적이 악화되는 것은 물론 고객의 수요에 미처 대비하지 못할 수도 있다. 따라서 기업들은 가격 변동이 나타났다고 즉각 대응하기보다는 최소한 1~2분기 정도의 시간을 두고 대처하는 게 일반적이다.

교역 조건 변화가 경제성장률에 선행하는 두 번째 이유는 기업들의 사업 계획 수정이 연간 혹은 분기 단위로 이루어진다는 점이다. 이런 현상은 기업에만 국한되지 않고 정부 정책에도 영향을 미친다. 예를 들어 2023년 한국 경제성장률은 단 1.4% 에 불과했는데, 성장 내역을 뜯어보면 정부 지출의 감소가 큰 악영향을 미친 것으로 나타난다.

2022년 말 확정된 2023년 예산은 지난해 같은 기간에 비해 5.1% 증가를 계획했지만 실제 재정 집행은 이에 크게 못 미친 것이다.[43] 2023년 한 해 동안 정부의 소비가 성장에 기여한 것은 단 0.2%포인트에 불과해서, 2022년의 0.5%포인트에 비해 매우 낮았다.[44] 만일 2022년 수준으로 정부 지출이 늘어났다면 2023년 한국 경제는 1.7% 성장을 기록했을 것이다.

이런 일들은 정부에만 해당하는 것이 아니라 기업도 비슷하다. 매출액의 진도가 계획에 미치지 못하고 부정적인 징후가

인구와 투자의 미래 확장판

보이더라도 기존에 잡아둔 예산을 지속적으로 집행하는 일이 많다. 왜냐하면 기업 경영진이 리더십을 발휘하지 않는 상태에서 아랫사람들이 적극적으로 의사를 개진하기는 쉽지 않기 때문이다.

따라서 앞으로도 교역 조건 변화는 한국 경제에 뒤늦게, 그리고 심대한 영향을 미칠 가능성이 높다고 보아야 한다. 물론 상승 추세를 믿고 꿋꿋하게 버티는 투자자들도 있겠지만 투자자 대부분은 약세장 막바지에 보유 주식을 처분하고 "다시는 한국 주식에 투자하지 않겠다"며 떠나고 만다.

추세적인 강세장을 누리는
방법은?

이런 문제를 해결하는 방법은 크게 두 가지다. 한 가지는 필자를 비롯한 여러 경제 분석가의 책을 읽고 자신만의 '경기 순환 분석' 방법을 개발하는 것이다. 필자는 한국의 교역 조건에 집중하지만 어떤 이들은 OECD 경기선행지수에 주목한다. 다양한 주장과 지표를 살펴본 다음 자신에게 가장 잘 맞는 방법을 찾아 투자를 실행해나간다면, 베이비붐 세대의 은퇴를 계기로 시작될 '추세적인 강세장'을 온전히 누릴 수 있을 것이다.

경기 순환 분석이 어렵게 느껴지는 이들은 통화 분산 전략이
대안이 될 수 있다. [그림 5-15]는 달러에 대한 원화 환율(원/달
러 환율)과 소비자물가의 연관을 보여주는데, 환율이 상승할 때
인플레 위험이 높아지는 것을 금방 알 수 있다. 인플레가 발생
하면 한국은행이 지체 없이 금리를 인상하니 자산 가격이 폭락
하는 것은 당연한 일이다. 2022년 한국의 주식·채권·부동산이
동반 폭락한 가장 큰 이유는 교역 조건 악화지만, 자산 가격의

[그림 5-15] 한국 원/달러 환율과 소비자물가 상승률(1999~2024)

출처: 세인트루이스 연은(https://fred.stlouisfed.org/graph/?g=1epRJ)

인구와 투자의 미래 확장판

폭락 현상이 출현한 직접적 이유는 환율 상승이라고 볼 수 있다. 특히 2022년 한국 부동산시장이 폭락한 것은 물가 상승이 부른 금리 인상 충격 없이 설명하기 어렵다.

그럼 통화 분산 포트폴리오 전략을 어떻게 실행해야 할까?

[그림 5-16]은 원/달러 환율과 한국 주식시장의 관계를 보여주는데, 환율이 상승할 때마다 지체 없이 주식시장이 붕괴하는 것을 발견할 수 있다.

[그림 5-16] 한국 원/달러 환율과 코스피지수(2001~2024)

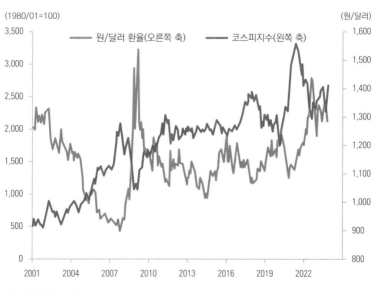

출처: 한국은행, 프리즘투자자문

이런 현상이 나타나는 이유를 명확하게 설명하기는 어렵다. 어떤 때는 외국인 투자자들이 갑자기 한국 주식을 매도하며 환율이 상승했을 수 있다. 반대로 해외에서 발생한 충격(예를 들어 전쟁 등)에 놀란 투자자들이 안전자산인 달러를 사들이면서 환율이 급등하고 이것이 한국 주식시장에 악영향을 미쳤을 수도 있다.

중요한 것은 대체로 환율과 주식 가격이 반대로 움직인다는 것이다. 그리고 그보다 더 중요한 것은 이 흐름이 외환위기 이후 25년 넘게 꾸준히 지속되며, 상당수 투자자가 '달러 강세 = 한국 주가 하락'의 등식을 머릿속에 넣고 있을 가능성이 높아졌다는 점이다.

이를 경제학에서는 '자기 실현적 예언'이라고 부른다. 많은 투자자가 달러 강세일 때 한국 주식 가격이 빠질 것이라고 기대하고 또 행동에 나선다면 실제로 한국 주식 가격이 빠질 수 있기 때문이다. 따라서 앞으로도 환율과 주가가 반대 방향으로 움직일 가능성이 높다고 본다.

주식과 환율이 반대 방향으로 움직인다고 예상하면 안정적인 성과를 기대할 만한 투자 전략을 만들 수 있다.

반반
투자 전략!

환율과 주식 가격이 반대로 움직이는 현상을 활용한 대표적인 전략이 바로 '반반 투자 전략'이다. 예를 들어 매년 100만 원을 저축한다고 할 때 절반은 한국 주식에, 나머지 절반은 미국 달러 표시 채권에 투자하는 것이다. 물론 한국의 개별 종목에 투자할 수도 있겠지만 코덱스200이나 타이거200이라는 이름이 붙은 인덱스펀드에 투자하기를 권한다. 이런 상품은 수수료가 저렴할 뿐만 아니라 한국 주식시장의 성과를 잘 복제하는 특성이 있기 때문이다.

만일 1981년부터 매년 100만 원을 반반 투자했다면 2023년에 1억 2,248만 원으로 불어났을 것이다. 투자 원금 4,300만 원이 거의 3배 불어난 결과이니 만족하는 사람이 많을 것 같다.

그런데 이 전략을 조금만 바꾸면 더 좋은 성과를 거둘 수 있다. 매년 한국 주식과 미국 채권에 50만 원씩 투자하는 게 아니라, 투자할 때마다 5 대 5 비율을 맞춰주는 리밸런싱을 수행하는 것이다. 예컨대 2022년 3월에 100만 원을 한국 주식과 미국 국채에 투자했는데 1년 후 평가액이 90만 원이 되었다고 가정해보자. 즉 불황에 대한 공포가 높아지며 한국 주식이 30% 빠져서 35만 원이 되었고, 반대로 미국 국채는 환율 상승 덕분에 55만 원으로 상승했다. 원래 50% 투자했던 주식의 비중은 38.9%가 되었고 미국 채권의 비중은 61.1%가 되었다. 이런 경우에는 2023년 3월 새로운 투자금 100만 원 가운데 60만 원을 한국 주식에 투자하고 40만 원을 미국 국채에 투자해 각각 95만 원이 되도록 맞추는 것이 리밸런싱이다.

이런 일을 하는 것은 경기 변화에 따라 한국 주식과 미국 국채의 가격 변화 방향이 극과 극으로 달라지기 때문이다. 2021년에는 환율이 급락하며 주가가 상승하다가 2022년에는 환율이 급등하는 가운데 주가가 폭락한 것이 가장 좋은 예다. 문제는 언제 환율이 급등하고 주가가 하락할지 예측하기 어렵다는 데 있다. 필자는 경제 분석가 생활을 30년 넘게 했지만 종종 경기 예측에 실패한다. 따라서 시장의 방향을 정확하게 예측하려 노력하기보다 1년에 한 번 5 대 5의 투자 비율을 맞추는 것이 좋다.

이렇게 꾸준히 반복 투자하면 성과는 점점 더 좋아진다. [그림 5-17]은 반반 투자 전략을 두 가지 방법으로 실행한 것을 보여준다. 회색 선은 매년 100만 원을 한국 주식과 미국 국채에 절반씩 투자했을 때의 성과를 보여주고, 보라색 선은 100만 원을 리밸런싱하면서 투자했을 때의 성과를 나타낸다. 리밸런싱을 실시한 결과 2023년 말에는 투자 원금의 6배 이상인 2억

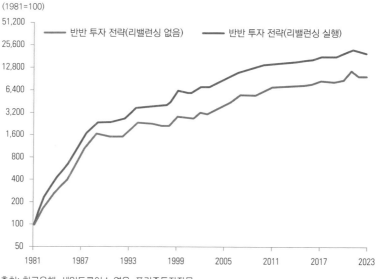

[그림 5-17] 반반 투자 전략의 리밸런싱 여부에 따른 성과 차이(1981~2023)

(1981=100)

반반 투자 전략(리밸런싱 없음)　　반반 투자 전략(리밸런싱 실행)

출처: 한국은행, 세인트루이스 연은, 프리즘투자자문

5,666만 원으로 불어나서, 리밸런싱 없이 매수 후 보유한 전략의 1억 2,248만 원에 비해 훨씬 우월한 성과를 거두었다.

투자 자산을 다변화하면
성과가 더 좋아진다!

한국 주식과 미국 채권에 반반 투자하는 것만으로도 이렇게 놀라운 성과를 거둘 수 있다는 점이 놀랍다. 그런데 이보다 더 우월한 전략이 많다. 예를 들면 주식과 국채 같은 전통 자산 외에 금과 부동산, 하이일드 채권 등 대체자산에 분산하는 것이다. 이렇게 하면 수익률은 반반 투자 전략보다 더 나으면서 안정적인 성과를 누릴 수 있다.

[그림 5-18]은 반반 투자 전략과 6개 자산(한국 주식, 한국 예금, 달러 예금, 미국 주식, 금, 하이일드 펀드)에 분산해 투자한 성과를 보여준다. 2개 자산에 분산한 것보다 6개 자산에 분산한 것이 더 안정적인 성과를 기록했음을 한눈에 알 수 있다. 2001~2023년 기간에 반반 전략은 손실을 8번 기록한 반면 6개 자산 분산투자는 손실을 단 한 번 기록했다. 같은 기간 연 환산 복리 수익률도 5.83% 대 6.57%로, 더 많은 자산에 분산하는 것이 훨씬 유리하다.

물론 투자 경험이 많지 않다면 반반 투자 전략으로 시작하는 게 좋지만, 점점 금이나 하이일드 채권 등 다양한 대체자산으로 투자 대상을 늘려보기를 추천한다. 과거에는 금이나 미국 하이일드 채권에 대한 투자 기회가 많지 않았지만 최근 국내에 상장지수펀드(ETF)가 속속 상장되고 있으니 훨씬 투자하기 편해졌다.[45]

[그림 5-18] 반반 투자 전략과 투자 6분법의 성과 비교(2001~2023)

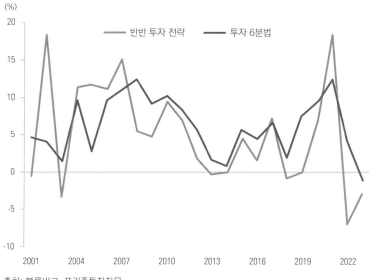

출처: 블룸버그, 프리즘투자자문

부동산 가격 상승에
올라타고 싶다면?

이 부분에서 '베이비붐 세대의 은퇴로 촉발되는 부동산의 장기 상승세에 올라탈 투자 방법은 없을까?'라는 의문을 품은 독자들이 있으리라 생각한다.

4장에서 다루었듯이 필자는 서울 등 수도권에 자리 잡은 대형 아파트 단지가 최우선 투자 대상이라고 생각한다. 그러나 2023년 12월 기준으로 서울의 아파트 평균 매매 가격은 12억 원에 육박하며, 수도권으로 범위를 넓히더라도 7억 2,000만 원을 훌쩍 넘어설 정도로 비싸다.

이 문제를 해결하는 방법은 어떤 게 있을까?

그 해답은 미국 리츠(REITs)다. 리츠란 부동산투자신탁증권의 약자로, 아파트뿐만 아니라 물류센터와 데이터센터 등에 투자해 발생한 수익을 투자자들에게 돌려주는 일종의 펀드다.

[그림 5-19]는 미국 주택 가격과 리츠지수 흐름을 보여주는데, 리츠지수가 압도적으로 높은 성과를 냈다. 이런 현상이 벌어지는 이유는 바로 배당금(혹은 분배금)에 있다. 리츠는 보유한 부동산에서 발생하는 각종 수익을 주주들에게 대부분 돌려주기에, 매년 받은 배당금을 재투자하는 것만으로도 놀라운 성과를 올릴 수 있다.

따라서 한국의 선호 지역 아파트를 구입할 여력이 없는 이에게는 미국 리츠가 매력적인 선택지가 될 것이다. 한 가지 안타까운 것은 국내에 마땅히 투자할 만한 상품이 없다는 점이다. 한국에 상장된 미국 혹은 글로벌 리츠 ETF는 대부분 환 헤지가 되어 있어 추천하기 어렵다. 한국 투자자들이 해외 투자를 하는 것은 높은 수익뿐만 아니라 통화 분산 효과를 노리는 면이

[그림 5-19] 미국 주택 가격과 리츠지수(1995~2022)

(1995=100)

출처: 블룸버그, 프리즘투자자문

크기 때문이다. 따라서 해외에 상장된 리츠 ETF를 추천한다.[46]

금리와 PER의 관계는?

금리와 PER이 반대로 움직이는 직관적인 이유는 5장 1절에서 충분히 설명했지만, 이번에는 기업의 내재가치 측면에서 금리의 영향력을 살펴보자.

먼저 A 회사의 성장이 정체 상태에 이르러 매년 주당 순이익(EPS)이 1,000원이며 모든 순이익을 배당한다고 가정해보자. 이 회사가 부담하는 시장 이자율(K_e)을 10%라고 가정하면, 1년이 지난 후 들어오는 배당금(1,000원)은 현재가치로는 909(=1,000/1.1)원이 되며, 같은 방법을 이용하면 2년 뒤 배당금에 대한 현재가치는 826원이 된다. 이 대목에서 이 상황이 무한등비급수의 합공식이라는 것을 알아차렸을 것이다. 이 상황이 영원히 지속되면 A사 주식 1주를 보유함으로써 얻는 현금흐름의 현재가치 합계를 다음과 같이 구한다.

$$1,000/K_e = 10,000원$$

따라서 어느 회사의 주당 순이익이 항상 일정하고, 이를 모두 배당하며, 할인율이 일정하다면 아래의 식이 성립한다.

주가 = EPS/K_e, 적정 PER = $1/K_e$

[표 5-3] 이익이 일정하고 전액 배당하는 기업의 현금흐름과 내재가치

	1년	2년	3년	4년	5년	…	합계
EPS(현금흐름)	1,000	1,000	1,000	1,000	1,000	…	–
현재가치(원)	909	826	751	683	621	…	10,000

전통 자산과 대체자산은
어떻게 구분하는가?

주식과 채권 같은 전통 자산은 거래소 혹은 장외시장에서 대량으로 거래되기에 유동성이 좋다. 즉 언제든지 사고팔 수 있고 가격도 대중에게 공개된다. 이 덕에 매매 수수료도 싼 편이고 투자 접근성이 높다.

반면에 부동산과 헤지펀드, 원자재(commodity), 사모펀드, 구조화 상품(structured product) 등의 대체자산은 전통 자산과 특성이 반대다. 거래가 잘 이루어지지 않고, 거래되는 곳에 따라 가격 차이가 크며, 매매 수수료도 비싼 편이다.

이러다 보니 대체자산에 투자하려면 네트워크가 매우 중요하다. 투자자들 간의 정보력 차이가 꽤 큰 데다, 오랫동안 전문 분야에 투자한 기관은 강력한 경쟁우위를 지닐 수 있기 때문이다. 따라서 수익률도 전통 자산에 비해 높은 경향이 있다.

[그림 5-20] 자산 배분의 유형

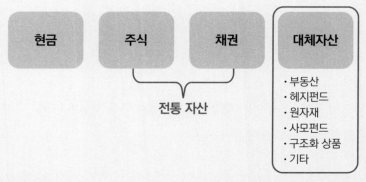

출처: 프리즘투자자문

국민연금의 성과를 확인하는 법

'국민연금기금운용본부'로 검색하면 아래와 같은 화면이 나오는데 여기서 '운용현황'을 클릭한다.

국민연금의 운용현황이 뜨면 '기금 포트폴리오'를 클릭해보자. 2023년 10월 말 기준으로 국내 주식에 13.2%, 해외 주식에 30.0% 투자하고 있음을 알 수 있다. 국내외 주식 투자 비중이 43.2%에 불과하니 매우 보수적인 포트폴리오를 운용하는 셈이다.

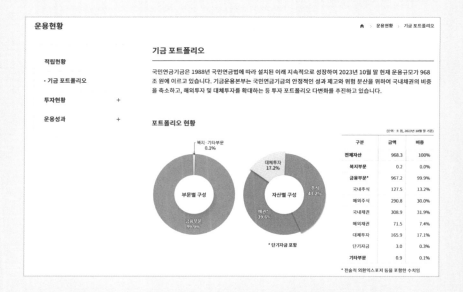

추가로 '운용성과 → 운용수익률' 순서로 조회하면 아래와 같은 화면이 나온다. 2023년 10월 말 현재, 전년 말 대비 6.8% 수익을 기록한 것은 해외 주식의 높은 성과(13.51%)와 대체투자의 선방(8.18%) 덕분이라 생각된다.

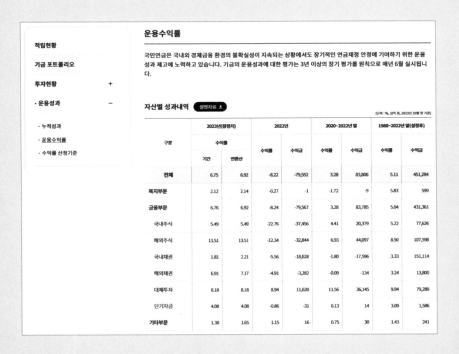

인구와 투자의 미래 확장판

추천 ETF, 추천 미국 리츠 ETF

추천하는 ETF

한국 주식에 투자하는 ETF는 종류가 다양하고 수수료도 싼 편이다. 필자는 이 가운데 KODEX 200 TR과 TIGER MSCI Korea TR을 선호한다.

전체	국내 시장지수	국내 업종/테마	국내 파생	해외 주식
종목명	현재가	전일비	등락률	NAV	3개월수익률
KODEX 200	33,750	▲ 60	+0.18%	33,782	+9.13%
TIGER 200	33,815	▲ 55	+0.16%	33,854	+9.24%
KODEX 200TR	11,560	▲ 20	+0.17%	11,571	+9.06%
KBSTAR 200	33,925	▲ 35	+0.10%	33,980	+9.00%
TIGER MSCI Korea TR	14,180	▲ 40	+0.28%	14,198	+8.78%
KODEX 코스닥150	12,980	▲ 350	+2.77%	13,026	+11.90%
ARIRANG 200	34,320	▲ 90	+0.26%	34,369	+9.07%
KOSEF 200TR	42,035	▲ 50	+0.12%	42,117	+9.03%
HANARO 200	33,835	▲ 50	+0.15%	33,875	+9.18%
KODEX MSCI Korea TR	11,320	▲ 60	+0.53%	11,308	+9.16%

여기서 TR은 총수익(Total Return)의 약자로서 배당을 재투자하는 상품을 뜻한다. KODEX 200은 한국 거래소에서 만드는 KOSPI200지수를 추종하는 상품이며, MSCI Korea는 MSCI사가 작성하는 지수를 추종하는 상품이다. KOSPI200은 지수 작성 과정에 많은 논란이 있는 대신 수수료가 싸고, MSCI Korea는 지수 작성의 투명성 문제는 상대적으로 낮지만 수수료가 비싼 게 흠이다.

달러 예금에 투자하는 ETF는 'SOFR'로 표기된 상품 중에 고르면 된다. 거래량 많고 수수료 저렴한 ACE 미국달러SOFR금리(합성)를 추천한다. SOFR은 달러 외화 예금을 추종하는 상품을 뜻한다.

종목명	현재가	전일대비	등락율
KODEX 미국달러SOFR금리액티브(합성) 코스피	10,710	▲ 10	+0.09%
KBSTAR 미국달러SOFR금리액티브(합성) 코스피	10,475	- 0	0.00%
ARIRANG 미국달러SOFR금리액티브(합성) 코스피	51,780	▼ 25	-0.05%
TIGER 미국달러SOFR금리액티브(합성) 코스피	51,840	▲ 15	+0.03%
ACE 미국달러SOFR금리(합성) 코스피	10,460	▼ 25	-0.24%
히어로즈 미국달러SOFR금리액티브(합성) 코스피	10,840	▼ 5	-0.05%
신한 미국달러 SOFR금리 플러스 ETN 코스피	10,040	▲ 25	+0.25%
QV 미국달러 SOFR금리 플러스 ETN 코스피	10,300	- 0	0.00%

원화 예금에 투자하는 ETF는 'CD'로 검색된 상품 중에 고르면 된다. CD란 양도성예금증서(Certificate of Deposit)의 약자다. 은행이 예금을 맡았다는 것을 인정하여 발행하는 증서로 다른 사람들에게 양도가 가능하다는 특징을 지니고 있다. 따라서 이 상품에 투자하면 은행 예금에 투자하는 것과 큰 차이가 없는 데다, 중도 환매 수수료 부담이 없다는 장점이 있다.

종목명	현재가	전일대비	등락율
TIGER CD금리투자KIS(합성) 코스피	53,730	▲ 5	+0.01%
히어로즈 CD금리액티브(합성) 코스피	102,495	▲ 15	+0.01%
KODEX CD금리액티브(합성) 코스피	1,024,995	▲ 305	+0.03%
HANARO CD금리액티브(합성) 코스피	100,780	▲ 5	0.00%
QV KIS CD금리투자 ETN 코스피	51,555	- 0	0.00%
한투 KIS CD금리투자 ETN 코스피	51,555	- 0	0.00%
메리츠 KIS CD금리투자 ETN 코스피	51,565	▲ 10	+0.02%

미국 주식에 투자하는 ETF는 TR, 즉 배당을 재투자하는 상품 중에 고르면 된다. 시장 전체에 투자하고 싶은 이들은 KODEX 미국 S&P500TR에 투자하면 되고, 성장주 투자를 원하면 KODEX 미국 나스닥100TR을 선택하면 된다.

	전체	국내 시장지수	국내 업종/테마	국내 파생	해외 주식	

종목명	현재가	전일비	등락률	NAV	3개월수익률
TIGER 미국나스닥100	103,815	▼ 665	-0.64%	104,588	+20.20%
TIGER 미국S&P500	16,315	▲ 15	+0.09%	16,381	+15.55%
TIGER 차이나전기차SOLACTIVE	7,130	▼ 135	-1.86%	7,136	-13.05%
TIGER 미국테크TOP10 INDXX	16,160	▼ 115	-0.71%	16,283	+20.87%
TIGER 미국필라델피아반도체…	15,680	▼ 375	-2.34%	15,906	+36.99%
KODEX 미국S&P500TR	14,740	▲ 10	+0.07%	14,803	+15.52%
ACE 미국S&P500	16,475	0	0.00%	16,554	+15.33%
KODEX 미국나스닥100TR	15,420	▼ 125	-0.80%	15,560	+20.09%
ACE 미국나스닥100	17,820	▼ 130	-0.72%	17,971	+20.16%
TIGER 차이나항셍테크	4,700	▼ 215	-4.37%	4,717	-15.39%

미국의 하이일드 채권, 즉 투기등급 채권에 투자하는 ETF는 KODEX iShares 미국 하이일드 액티브가 유일한 대안이다. 다른 두 상품은 환헤지 상품이기에 투자 목적과 부합하지 않는다.

종목명	현재가	전일대비	등락율
TIGER 단기선진하이일드(합성 H) 코스피	12,575	▲ 30	+0.24%
ACE 미국하이일드액티브(H) 코스피	10,125	▲ 45	+0.45%
KODEX iShares미국하이일드액티브 코스피	10,590	▲ 50	+0.47%

금에 투자하는 ETF는 ACE KRX금현물을 고르면 된다. 수수료가 적고 거래도 잘되는 편이며, 만기가 정해져 있지 않기 때문이다. 참고로 ETN은 증권사가 만든 상품으로 만기 1년 이상에서 20년까지 기한이 정해져 있다.

종목명	현재가	전일대비	등락율
ACE KRX금현물 코스피	12,405	▼ 5	-0.04%
미래에셋 KRX금현물 Auto-KO-C 2810-01 ETN 코스피	10,215	▲ 10	+0.10%
삼성 KRX 금현물 ETN 코스피	15,100	▲ 45	+0.30%

추천하는 미국 리츠 ETF

한국 주식시장에도 미국 리츠를 추종하는 ETF가 없는 것은 아니나 모두 환 헤지가 되어 있는 게 문제다. 따라서 미국 증시에 상장된 VNQ(Vanguard Real Estate Index Fund ETF)와 SCHH(Charles Schwab US REIT ETF)를 추천한다. 이 두 상품 모두 높은 배당수익을 제공하며, 다양한 부동산에 잘 분산되어 있는 게 장점이다. 참고로 2023년 말 배당수익률은 VNQ가 3.95%, SCHH는 3.49%였다.

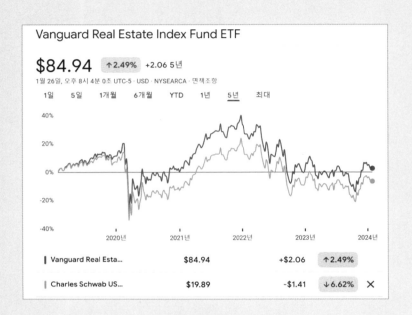

Vanguard Real Estate Index Fund ETF

$84.94 ↑2.49% +2.06 5년

1월 26일, 오후 8시 4분 0초 UTC-5 · USD · NYSEARCA · 면책조항

| 1일 | 5일 | 1개월 | 6개월 | YTD | 1년 | 5년 | 최대 |

▍Vanguard Real Esta...	$84.94	+$2.06	↑2.49%
▍Charles Schwab US...	$19.89	-$1.41	↓6.62% ✕

배당이 나올 때마다 재투자하는 게 번거롭지만, 직접 부동산을 소유하는 것보다 훨씬 유동성 높고 수익도 더 높다는 것을 잊지 말기 바란다.

인구 변화를 알면
돈의 흐름이 보인다

제가 오랫동안 이코노미스트로 일하면서 항상 다짐한 사항이 하나 있으니, 타이밍과 방향을 함께 이야기하지 말자는 것입니다. 특히 타이밍을 이야기하지 않기 위해 무척 노력했습니다. 왜냐하면 어떤 식으로 경제가 흘러갈지 예측하는 일은 타이밍 잡는 것에 비해 훨씬 쉬운 면이 있기 때문입니다.

예를 들어 러시아와 우크라이나의 전쟁이 대표적입니다. 러시아는 급격한 인구 감소 속에서 군사력이 점점 약화되는 중이었고, 이 흐름이 걷잡을 수 없이 진행되기 전에 모험적인 군사 행동이 나올 수 있다는 경고가 여러 곳에서 제기된 바 있습니다.[1] 그러나 2022년 봄, 전면전의 형태로 실현되리라 예상한 이를 찾기는 쉽지 않습니다.[2]

심지어 바이든 미국 대통령이 러시아의 침공 시기까지 미리 경고했음에도 저를 비롯한 금융시장 참가자 상당수는 설마설마하는 마음이었습니다. 왜냐하면 2014년 말 크림반도 합병 이후 선진국의 경제 제재 영향으로 러시아 경제가 심각한 타격을 받은 경험이 있기 때문입니다. 따라서 경제적인 관점에서 본다면 우크라이나 침공은 스스로를 해치는 짓이니 가능성이 매우 낮다고 보았습니다. 그러나 제 예상과 달리 전쟁은 시작되었고 2년 넘게 이어지는 중입니다.

따라서 인구 감소가 불러올 한국 경제의 미래에 대해 '방향'은 제시하겠지만 언제 시작될 것이라는 식으로 단정적으로 말하기는 어렵습니다.

경제는?
저성장 혁신 경제!

먼저 경제 전망은 상대적으로 쉽습니다. 베이비붐 세대의 은퇴 속에 노동시장의 호조 흐름이 지속될 가능성이 높습니다. 더 나아가 중국과 러시아 블록이 민주주의 국가와 화해하기 힘든 갈등의 국면으로 접어듦에 따라 한국과 멕시코, 캐나다가 가장 큰 이익을 볼 것으로 예상됩니다. 이른바 '프렌드 쇼어링'

흐름 속에서 한국을 비롯한 핵심 공업국과 원자재 생산국에 혜택이 돌아갈 가능성이 높기 때문입니다.

물론 받는 것이 있으면 주는 것도 있어야 하니 주한미군에 대한 방위비 부담과 주요 수출 기업의 대미 직접투자는 불가피할 것 같습니다. 그러나 세계 최고 수준의 기술개발 투자 흐름을 감안하면 이 비용은 사소한 수준에 그칠 수 있다고 봅니다.

그러나 한국 정부가 재정을 효율적으로 운영하지 못한다는 게 걱정거리입니다. 2024년 최종 예산안 기준으로 89조 8,000억 원에 이르는 교육 분야가 가장 큰 문제입니다. 학령인구가 갈수록 줄어들고 있음에도 교육 예산은 여전히 비대한 반면, 고등교육에 배정되는 예산은 글로벌 기준에 비춰 볼 때 턱없이 부족한 게 현실이기 때문입니다.

교육 예산뿐만 아니라 연구개발(R&D) 예산의 대규모 삭감도 심각한 문제입니다. 2024년 26조 5,000억 원이 책정되어, 지난해 같은 기간에 비해 무려 14.7% 삭감되었습니다. 한국 경제가 부족한 자원으로도 성장할 수 있었던 것은 잘 교육받은 인재를 활용해 정부와 기업이 적극적으로 연구개발에 투자했기 때문입니다. 2021년 기준으로 한국은 세계 2위의 R&D 대국이었음을 잊지 말아야 합니다.

따라서 교육 재정에 대한 대대적인 구조조정을 통해 저출산

예산과 R&D 예산을 지원하는 방향으로 정책 기조가 바뀐다면 경제 전반의 흐름을 바꿀 가능성이 높습니다. 특히 최근 헝가리와 강원도의 사례에서 보듯 출산지원금이 출산율을 높이는 효과가 있다는 것이 입증된 만큼 정책 전환을 기대해봅니다.[3]

주식시장은?
변동성은 여전하나 방향은 '상방'!

주식시장의 단기 예측은 불가능한 미션입니다. 왜냐하면 2022년의 러시아-우크라이나 전쟁과 2023년의 이스라엘-하마스 전쟁처럼 예상 범위를 한참 벗어난 곳에서 발생한 사건들이 우리를 괴롭히기 때문입니다. 더 나아가 2016년의 미국 대통령 선거처럼 여론 조사 기관의 예측이 완전히 벗어난 결과를 받아 들기도 합니다.

반면 장기 전망은 상대적으로 쉽습니다. 어떤 나라가 혁신 국가인지, 미래가 밝은지에 따라 주식시장의 성과도 달라지기 때문입니다. 예를 들어 이탈리아처럼 총요소생산성 증가율이 마이너스를 기록하는 나라는 주식시장의 미래 성과를 낮춰 보는 게 바람직할 것입니다. 그러나 한국과 대만, 미국처럼 생산성 향상 속도가 상대적으로 빠르고 이와 연관된 지표가 개선되는 나라는 긍정적으로 보아야 할 것입니다.

생산성과 가장 직접적으로 연관된 지표 중 하나가 학생들의 성취도 평가입니다. 국제학업성취도평가는 PISA라는 약자로 잘 알려져 있는데, PISA 점수와 그 나라 성장률이 매우 밀접하게 연관된다는 것을 여러 학자가 발견한 바 있지요.[4] 교육 수준이 높아짐에 따라 더 창의적인 제품을 만들어낼 가능성이 높은 데다, AI와 로봇 등 혁신적인 변화가 출현할 때 적응력이 뛰어나기 때문일 것입니다. 특히 2022년 PISA 평가에서 한국이 세계 3위를 차지하는 등 세계 최고 수준을 기록했다는 것에 주목할 필요가 있습니다.[5]

따라서 저는 한국 주식시장의 장기 전망이 밝다고 판단합니다. 특히 다른 선진국에 비해 한국 베이비붐 세대의 주식 투자 비중이 매우 낮다는 점에서 수급 불안 문제도 크지 않습니다. 물론 국민연금의 국내 주식 매도 위험이 부각되는 것은 분명한 사실이지만, 2040년까지 국민연금의 운용 자산 규모가 늘어날 가능성이 높은 만큼 당면한 위협은 아니라고 생각합니다. 따라서 경쟁력이 꾸준히 개선되는 수출 대기업 위주의 투자 전략이 유망할 것입니다. 물론 이것이 부담스러운 독자는 5장에서 소개한 반반 투자 전략, 즉 한국 주식과 달러 예금에 함께 투자하는 방법을 선택해도 좋겠습니다.

주택시장은?
조정기 이후를 노려라!

마지막으로 주택시장을 이야기하자면 단기 전망은 밝지 않습니다. 소득과 이자 등의 조건을 감안해 주택의 매력도를 판단한 '주택구입부담지수'가 아직도 역사적 평균에 비해 높은 수준이기 때문이지요.[6] 2020~2021년에 발생한 강력한 주택 가격 상승과 2022년의 금리 인상 여파로 '집값이 싸다'고 느끼는 사람이 많지 않은 셈입니다.

물론 부동산시장에 상승 요인이 없는 것은 아닙니다. 일단 공급이 매우 부족합니다. 부천 대장지구와 고양 창릉지구 등 3기 신도시의 진행이 너무 느린 데다, 2022년 시작된 건자재 비용 급등으로 신규 사업 추진이 어려움을 겪고 있기 때문입니다.[7] 더 나아가 노령화 속에서도 가구 수가 2039년까지 지속적으로 증가할 가능성이 높다는 점도 수요를 확대시킬 요인이라 할 수 있습니다.[8] 따라서 단기 전망은 밝지 않지만 장기 전망은 매우 밝은 듯합니다.

따라서 그 어느 때보다 장기 추세를 읽는 지혜가 필요합니다. 지난 10여 년간 일본이 그랬던 것처럼 클러스터의 힘이 점점 강해지는 지역에 주목할 필요가 있습니다. 혁신적인 기업들이

자리 잡고 고소득 일자리가 늘어나는 지역일수록 부동산시장의 '하단'이 매우 단단할 것이기 때문입니다. 물론 현대 주택구입부담지수가 역사적 수준에 비해 어떻게 형성되어 있는지도 살펴볼 필요가 있습니다.

마지막으로 덧붙이고 싶은 것은 'KB 선도아파트 50'에 포함된 대단지 아파트에 주목하라는 것입니다. 2022년의 폭락 사태에서 확인된 것처럼 불황에도 가격이 크게 떨어지지 않고 매매가 가능한 유동성 좋은 아파트의 매력이 높아질 것으로 봅니다.

물론 이런 아파트는 매우 비싸기에 두 가지 방법 중 하나를 선택하는 것도 좋을 것입니다. 첫 번째는 5장에서 소개했던 통화 분산 투자 전략을 활용해 자산을 불려나감으로써 미래 전망이 밝은 아파트를 적기에 매입하는 것입니다. 그런데 이 방법에는 한 가지 걱정거리가 있습니다. 선호 지역 아파트 가격이 급등해버리면 아무리 투자를 잘한다고 해도 소용없을 수 있다는 것입니다.

이 문제가 걱정된다면 미국 리츠 ETF 투자를 권합니다. 미국 리츠 ETF 가격과 한국의 핵심 지역 아파트 가격이 매우 강력하게 동조하는 데다 배당수익률도 매우 높은 편이기 때문입니다. 적금 들듯 꾸준히 미국 리츠 ETF를 매입하다가, 환율이 급등하고 한국 주택 가격의 조정이 나타날 때 한국 아파트를 매입해도 좋은 선택이 될 것입니다.

앞으로 인구 변화는 세계 경제의 흐름을 크게 바꿔놓을 것입니다. 저출산과 고령화 속에서 한국 경제 역시 많은 변화를 맞이할 것입니다. 재정 악화에 대한 우려가 부각될 수도 있고, 국민연금의 개혁 논의도 급물살을 탈지 모릅니다. 그러나 변화를 예측하고 그 흐름에 주목한다면 이것을 기회로 삼을 수 있습니다.

이 책이 미래를 준비하는 분들에게 도움이 되었으면 하는 바람입니다. 미래를 무작정 비관하기보다, 이 책을 통해 베이비붐 세대 은퇴로 시작된 10년의 붐을 잘 활용하기 바랍니다.

주택금융연구원이 제공하는 '주택구입부담지수' 조회하기

주택금융연구원에 딸린 주택금융통계시스템 홈페이지(houstat.hf.go.kr)
에 들어가면 아래와 같은 화면이 나온다.

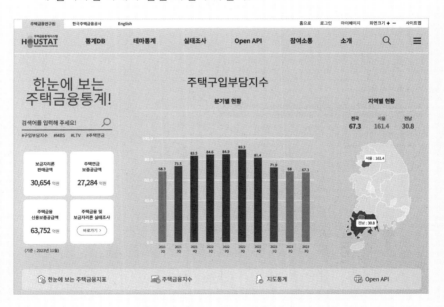

왼쪽 아래의 '주택금융지수'를 클릭하면 아래와 같은 화면이 뜬다.

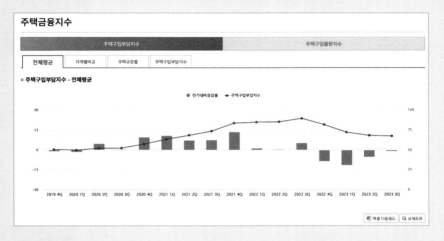

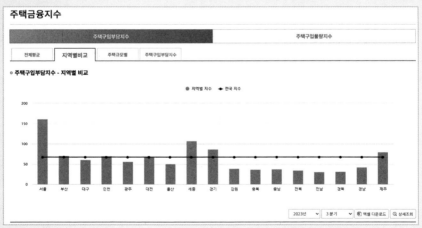

인구와 투자의 미래 확장판

'지역별비교' 탭에서 오른쪽 아래의 '상세조회'를 클릭하고 원하는 '기간'을 설정해서 '조회'를 누르면 자신이 원하는 기간의 데이터를 확인하고 다운받을 수 있다.

[그림 6-1]은 다운받은 데이터를 활용해 그린 것으로서 대구, 충북, 충남, 경남을 제외하고는 아직 주택 가격이 고평가 국면이라고 판단된다.

[그림 6-1] 주택구입부담지수 역사적 평균 vs. 2023년 3분기

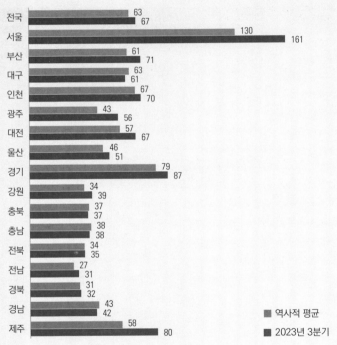

출처: 주택금융통계시스템, 프리즘투자자문

인구와 투자의 미래 확장판

주석

서문_58년 개띠가 은퇴하면 나라 망할까?

1. "1968년 중학 입시 폐지", 〈경향신문〉(2011/07/14)
2. 강종만, "인구고령화 및 금리가 증권시장에 미치는 영향에 관한 연구", 〈KIF 정책보고서〉 2014-5.

1장 대한민국 인구의 미래

1. 김낙년(2021), "한국의 장기통계: 1911~2010", 표 Ⅰ-23.
2. 차명수, 《기아와 기적의 기원》(2014), 232~233쪽.
3. 고선, "한국 여성의 초혼 연령과 교육, 출산: 1975년 인구총조사 자료를 이용한 분석", 〈경제사학〉 제42권 제3호(2018), 315~336.
4. 마이클 말론, 《인텔》(2016), 489쪽.
5. 크리스 밀러, 《칩 워》(2023), 219쪽.
6. 한주희, "여성 인력의 활용과 기업 경쟁력", 〈기업경제〉 1997년 1월호, 현대경제사회연구원.
7. '한국민족문화대백과사전' 사이트의 '대학졸업정원제' 설명.

8. 김태일·양정모, "'석사장교제도'가 학자인력양성 및 학문성과에 미친 영향 분석", 〈정책분석평가학회보〉(2009) 19권 3호, 267~293.

9. 통계청, "2021 한국의 사회지표"(2022/03/24)

10. 준 카르본·나오미 칸, 《결혼시장》(2017), 35쪽.

11. 최선영·박종서·이지혜·김종훈, "여성고용과 출산", 보건사회연구원(2022)

12. 클라우디아 골딘, 《커리어 그리고 가정》(2021), 26~29쪽.

13. Claudia Olivetti, Sari Pekkala Kerr, and Claudia Goldin, "When the kids grow up: Women's employment and earnings across the family lifecycle", VOX(2022)

14. 골딘, 《커리어 그리고 가정》, 308~312쪽.

15. "7년째 출산율 1위, 세종시의 비결을 묻다", 〈중앙일보〉(2022/04/29)

16. 김지연, "30대 여성 경제활동참가율 상승의 배경과 시사점", KDI '현안분석'(2023)

17. 정성미·김종숙·김효경, "여성의 취업 형태 및 근무 유연성이 경력 유지에 미치는 영향", 한국여성정책연구원(2022)

18. "2023년 5월 경제활동인구조사 청년층 부가조사 결과", 통계청(2023/07/18)

19. "조선업 인력난 숨통 트이나…정부, 1만 4,000여 명 투입", 〈아시아경제〉(2023/11/07)

20. "'결혼해야 애 낳나요'…美 대졸 30대女 넷 중 하나 비혼 출산", 〈중앙일보〉(2021/09/12).

21. "한국 '비혼출산율' 1.9% 세계 최저… 저출산 극복한 프랑스는 56%", 〈국민일보〉(2017/07/09)

22. Yong Cai and S. Philip Morgan, "Persistent low fertility among the East Asia descendants in the United States: perspectives and implications", 〈China Population and Development Studies〉(2019) 2: 384~400.

23. "2020년 가족실태조사 분석 연구", 여성가족부(2022)

24. "'혼인무관' 신생아 특공 신설…최대 5억 저금리 특례대출", 〈뉴스1〉(2023/08/29)

25. "'낙태 연간 최대 50만건 추정'…9년간 거의 동일", 〈연합뉴스〉(2017/11/28)

26. "2021년 인공임신 중절 실태조사 주요 결과 세부 내용", 보건사회연구원(2021)

27. "서울 초중고생 12년 후 반토막… 분교−폐교 속출한다", 〈동아일보〉(2023/08/31)

28. "학생 수 줄어드는데…교육청에 남아도는 돈 21조 원", 〈한국경제〉(2023/05/15)

29. "내 아이의 육아비용 얼마나 지원 받았나?: 출생코호트별 보편 지원 정책의 수급액을 중심으로", 육아정책연구소(2023/09/21)

30. "지방교육재정교부금 제도 운영실태", 감사원(2023)

31. "대한민국의 인구절벽 문제, 헝가리 출산정책이 대안이 될 수 있을까", 〈더퍼블릭뉴스〉(2022/04/01)

32. "World Population Prospects 2022", UN(2023)

33. "임금 및 생산성 국제비교 연구", 고용노동부(2015)

34. "기아 노조 12일부터 파업… 정년연장·고용세습 요구", 〈조선비즈〉(2023/10/11)

35. "만 8세 이하 자녀 양육시 재택에 야근면제…'육아 지원법' 발의", 〈중앙일보〉(2023/06/12)

36. "포스코, '경력 단절 없는 육아기 재택근무제' 시행", 〈포스코 뉴스룸〉(2020/06/24)

37. 필자의 유튜브(홍춘욱의 경제강의노트)에 올라온 구독자의 실제 사연에서 인명과 지명을 삭제한 것이다.

2장 인구와 경제의 미래

1. 홍춘욱, 《인구변화가 부의 지도를 바꾼다》(2006)

2. "When will the crisis in U.S. housing affordability end—and how?",

J.P.Morgan(2023/11/14)

3. "The Compensation-productivity Gap: A Visual Essay", Bureau of Labor Statistics(2011)

4. Wikipedia 'Olivetti' 항목.

5. 마이클 말론, 《인텔: 끝나지 않은 도전과 혁신》(2016), 44~46쪽.

6. "전세계 차생산 차질 빚은 반도체 부족, 내년에도 이어져", 〈연합뉴스〉 (2021/10/01)

7. 애덤 J. 미드, 《워런 버핏의 버크셔 해서웨이 투자 원칙》(2022), 1005쪽.

8. 리처드 볼드윈, 《그레이트 컨버전스》(2019), 18쪽.

9. "애플, 20년 디자인 역사 한눈에 보는 포토북 '디자인드 바이 애플 인 캘리포니아' 출시", 〈조선비즈〉(2016/11/16)

10. David H. Autor·David Dorn·Gordon H. Hanson, "The China Shock: Learning from Labor-Market Adjustment to Large Changes in Trade", 〈Annual Review of Economics〉(2016) Vol. 8: 205~240.

11. OECD Trade Union Dataset.

12. Joseph Kopecky·Alan M. Taylor, "The savings glut of the old: population aging, the risk premium, and the murder-suicide of the rentier", 〈NBER Working Papers〉(2022), 29944.

13. 브래들리 셔먼, 《슈퍼 에이지 이펙트》(2023), 40쪽.

14. Auclert, Adrien·Hannes Malmberg·Frederic Martenet·Matthew Rognlie. "Demographics, Wealth, and Global Imbalances in the Twenty-First Century", 〈NBER Working Papers〉(2021), 299161.

15. 찰스 굿하트·마노즈 프라단, 《인구 대역전》(2021), 127쪽.

16. 강현주, "인구 구조 변화가 장기 거시경제 추세에 미치는 영향", 〈이슈보고서〉(2022) 22~26, 자본시장연구원.

17. 실질금리는 일반적으로 명목금리에서 인플레율을 차감해 계산되지만, 물가연동국채(TIPS)의 금리를 통해 측정하는 경우도 있다. 이 문제는 2장의 '한 걸음 더-1: 실질금리와 물가연동채권 이야기'를 참고하라.

18. "A new wave of mass migration has begun", 〈Economist〉(2023/05/28)

19. 이승희, "소득과 자산으로 진단한 노인빈곤과 정책 방향", 〈KDI FOCUS〉(2023) 126호.

20. Lisa B. Kahn, "The long-term labor market consequences of graduating from college in a bad economy", 〈Labor Economics〉(2010/04), Volume 17, Issue 2, 303~316.

21. 강종만, "인구고령화 및 금리가 증권시장에 미치는 영향에 관한 연구", 〈KIF 정책보고서〉2014-5.

22. 스콧 로젤·내털리 헬, 《보이지 않는 중국》(2022), 22쪽.

23. 심현정·신동림, "2023년 '서울 부자' 보고서", 우리금융경영연구소(2023)

24. "2022 대한민국 상위 1% 보고서", NH투자증권 100세시대 연구소(2022/04)

25. "인도, 2029년 일본 추월 미·중 이어 세계 3위 경제대국 부상", 한국무역협회(2019/12/11)

26. "Our Big Mac index shows how burger prices are changing". 〈Economist〉(2023/08/03)

27. Henry Sauermann·John D. Skrentny·Michael Roach, "Foreign-born entrepreneurial human capital in the US: The preference-outcome gap", ⟨CEPR⟩(2019)

28. "OECD Compendium of Productivity Indicators 2023", OECD.

29. "Boats, Cars, Computers Lead Mexico's Export Boom to US Market". ⟨Bloomberg⟩(2022/11/25)

30. "멕시코 내년 최저임금 20% 인상…6년새 2.8배로 올라", ⟨연합뉴스⟩ (2023/12/02)

31. "EXECUTIVE SUMMARY Lybia", EIA(2022/05/09)

32. "세계 초강대국 미국, 셰일원유 등에 업고 생산·수출도 세계 1위", ⟨지앤이타임즈⟩ (2019/04/05)

33. "Why the knowledge capital of countries is key to economic growth", ⟨World Economic Forum⟩(2016/02/06)

34. 고영선(2019), "임금격차는 어떻게, 왜 변해 왔는가", ⟨KDI 정책포럼⟩ 제274호, 3쪽

35. ⟨2023 KLI 노동통계⟩, "5. 노사관계", 노동연구원(2023/09/05)

36. 밀레니얼 세대와 Z 세대의 정의에 대해서는 2장의 '한 걸음 더-4: 밀레니얼 세대와 Z 세대의 정의'를 참고하라.

37. 홍춘욱·박종훈, 《밀레니얼 이코노미》(2019), 47쪽.

38. "2023년 5월 경제활동인구조사 고령층 부가조사 결과", 통계청(2023/07/25)

39. "신입사원 채용하면서…'가장 중요한 건 경력'", ⟨머니투데이⟩(2015/11/03)

40. "10월 고용률은 63.3%로 역대 최고", 기획재정부(2023/11/15)

41. "전기차 온라인 판매도 막는 현대차 노조… 부품 수 줄어도 인력감축 반대", ⟨매일경제⟩(2021/05/05)

42. "현대차·기아차 노조 "미국서 전기차 생산 확대 반대 안 해"", ⟨매일경제⟩ (2022/08/25)

인구와 투자의 미래 확장판

43. 김철식, "모듈화와 가치사슬구조 변화: 한국 자동차산업 사례", 〈산업노동연구〉 (2010), vol. 16, no. 1, 235~273쪽.

44. ""월급 177만원… 철밥통 경쟁률, 93대 1 → 22.8대 1 '추락'", 〈머니투데이〉 (2023/03/09)

45. "'연공서열' 대기업에 칼 뽑았다...文정부 실패했는데 이번엔?", 〈매일경제〉 (2023/02/02)

46. 로버트 C. 앨런, 《세계경제사》(2017), 54쪽.

47. Robert C. Allen, "The British Industrial Revolution in Global Perspective: How Commerce Created The Industrial Revolution and Modern Economic Growth", NBER(2006)

48. "블록 분류하고 한발 요가… 테슬라 AI로봇, 인간에 더 가까이", 〈동아일보〉 (2023/09/27)

49. 대니얼 서스킨드, 《노동의 시대는 끝났다》(2020), 56쪽.

50. 이환웅·강동익, "생산기술의 혁신이 노동시장에 미친 영향: 로봇 및 스마트공장 도입을 중심으로", 한국조세재정연구원 수시연구과제 2022-02.

51. "'애플 너마저' 코로나 봉쇄 장기화로 애플도 탈중국 추진", 〈뉴스1〉(2022/05/22)

52. "중국 진출 한국기업의 국내복귀 실태조사", 〈Trade Focus〉 2019년 30호, 무역협회.

53. "A 'Bidenomics' Factory Boost, But Maybe Not in Reshoring", 〈Bloomberg〉 (2023/07/01)

54. "Why American manufacturing is becoming less efficient", 〈Economist〉 (2023/11/09)

55. "중국인 밑에서 일하다 멘탈 나간 미국 노동자들의 이야기 [왓칭]", 〈조선일보〉 (2021/03/21)

56. "반도체 인력난에 … TSMC, 美 공장 가동 1년 연기", 〈조선일보〉(2023/07/22)

57. "최근 소비성향 변동요인 분석 및 시사점", 〈조사통계월보〉(2020년 2월호), 한국은

행(2022/02)

58. "2019년 국민이전계정", 통계청(2021/11/25)

59. "2021년 사회조사 결과", 통계청(2021/11/17)

60. "국민연금 1인 평균 55만원, 최저생계비 처음 넘었다", 〈중앙일보〉(2021/11/08)

61. 최경진·임병권, "자가주택을 활용한 노후소득마련 방식 비교분석", 한국주택금융공
    사 주택금융연구원(2019)

62. "2021 한국의 사회지표", 통계청(2022/03/24)

63. "2023년 외래관광객조사 2분기 결과", 한국문화관광연구원(2023/11/07)

64. 김민수·양시환, "해외소비 변동요인 및 경제적 영향", 〈BOK 이슈노트〉 2018-5호.

65. "2024년 예산안", 기획재정부(2023/08)

66. "군대식 신입연수 논란된 기업들 "무박2일 행군 등 없앤다"", 〈중앙일보〉
    (2018/01/21)

67. 조 스터드웰, 《아시아의 힘》(2013), 137쪽.

68. 팀 하포드, 《당신이 경제학자라면》(2014), 222~223쪽.

69. "롯데도 상반기 수시채용 전환… 5대그룹 중 삼성만 공채 유지", 〈동아일보〉
    (2021/03/30)

70. 마크 모비우스, 《채권투자 기본개념 Q&A》(2012), 76쪽.

71. Autor·Dorn·Hanson, "The China Shock", 〈Annual Review of Economics〉
    (2016) Vol. 8, 205~240.

3장 인구 감소 시대, 중국과 일본의 미래는?

1. 찰스 굿하트·마노즈 프라단, 《인구 대역전》(2021), 62~64쪽.

2. 중진국 함정에 대해서는 3장의 '한 걸음 더: 중진국 함정 이야기'를 참고하라.

3. "중국 디플레 위험 고조…소비자물가 2.5년 만에 처음 하락", 〈동아일보〉 (2023/08/09)

4. KIEP북경사무소, "중국내 외자기업에 대한 시각의 변화와 전망", 〈한·중경제포럼〉 (2007) 07-04호.

5. Nicholas Lardy, 《Markets over Mao: The Rise of Private Business in China》 (2014), 125쪽.

6. 김도경, "1990년대 중국 주택제도 개혁과 도시 기득권의 확립 – 상하이시 사례를 중심으로", 〈역사비평〉 2016년 가을호.

7. "중국 Z세대는 왜 드러눕나, 좌절을 표시하는 '탕핑 세대'", 〈조선일보〉 (2023/10/02)

8. Ann Harrison·Marshall Meyer·Peichun Wang·Linda Zhao·Minyuan Zha, "Can a tiger change its stripes? reform of Chinese state-owned enterprises(SOEs) in the penumbra of the state", 〈NBER Working Papers〉 (2019), 25475.

9. "중 공산당 화났다…'칩4' 맞설 65조 반도체 펀드 '부패 스캔들'", 〈한겨레〉 (2022/08/10)

10. Paul Krugman, "Why Is China in So Much Trouble?", 〈New York Times〉 (2023/08/31)

11. Hanming Fang·Jing Wu·Rongjie Zhang·Li-An Zhou, "Understanding the resurgence of the SOEs in China: evidence from the real estate sector", 〈NBER Working Papers〉(2022), 29688.

12. "중국, 경기 부양에 '178조 원' 푼다…2주택 규제도 완화", 〈한국경제〉 (2023/06/16)

13. 폴 크루그먼, 《지금 당장 이 불황을 끝내라》(2013), 70~72쪽.

14. Alan Ahearne 등, "Preventing Deflation: Lessons from Japan's Experience

in the 1990s", 〈Board of Governors of the Federal Reserve System International Finance Discussion Papers〉(2002/06), Number 729.

15. 가라카마 다이스케(2023), 《엔화의 미래》, 35쪽.

16. Paul Krugman(2013), "Japan's Slump and the Return of the Liquidity Trap".

17. World Bank(2012), "Avoiding Middle-Income Growth Traps".

18. 한동훈, "중국은 루이스 전환점을 지났는가?", 〈비교경제 연구〉(2013) 20권 1호, 47~82.

19. 한국은행, "중국의 중장기 성장을 제약하는 구조적 리스크 요인에 대한 평가", 〈해외 경제 포커스〉(2021) 제2021-047호.

4장 인구와 부동산시장의 미래

1. "해리 덴트 "소비침체 지속..2023년까지 주식·부동산 하락"", 〈조선비즈〉 (2012/11/21)

2. 워런 버핏·리처드 코너스, 《워런 버핏 바이블》(2017), 513쪽.

3. 같은 책, 515~516쪽.

4. 같은 책, 592~593쪽.

5. "A new wave of mass migration has begun", 〈Economist〉(2023/05/28)

6. Dietrich Domanski·Michela Scatigna·Anna Zabai, "Wealth inequality and monetary policy", 〈BIS Quarterly Review〉(2016/03)

7. "Millennials and boomers are competing for homes. Guess who's winning?", 〈FT〉(2023/10/05)

8. 미국 중년층의 절망사에 대해서는 4장의 '한 걸음 더-1: 미국의 절망사(despair

death) 이야기'를 참고하라.

9. Felicitie C. Bell·Michael L. Mille, "Life Tables for the United States Social Security Area 1900-2100", Social Security Administration(2005)

10. "美 주택구입 주 연령층은 '베이비부머'(미국부동산중개인협회)", 〈연합뉴스〉(2023/11/14)

11. "The Share of Americans Who Are Mortgage-Free Is at an All-Time High", 〈Businessweek〉(2023/11/17)

12. "駅別中古マンション価格(年刊版)", 東京カンテイ(2023/01/24)

13. "일본, '빈집세' 매긴다…강제 철거·세제 지원도 병행", 〈글로벌이코노믹〉(2023/06/20)

14. "일본 기업 회계부정, 5년새 3배 '급증'", 〈조선비즈〉(2020/08/10)

15. "(일본식 고용의 5가지 문제) 한번 들어온 울타리 밖으로 나가지 않아", 〈이코노미스트〉(2015/06/25)

16. 폴 크루그먼, 《지금 당장 이 불황을 끝내라》(2013), 296~297쪽.

17. Mikio Koshihara·Naohito Kawai·Hiroshi Isoda·Takahiro Tsuchimoto(2012), "Damages of wooden houses caused by 2011 great east Japan earthquake and tsunami", Proceedings of the International Symposium on Engineering Lessons Learned from the 2011 Great East Japan Earthquake, March 1~4, 2012, Tokyo, Japan.

18. "(집피지기) 벽식? 기둥식? 무량판?…아파트 바닥구조 장단점은", 〈뉴시스〉(2022/01/29)

19. 클러스터에 대한 보다 자세한 정의는 4장의 '한 걸음 더-2: 글로벌 대기업들은 왜 집값 비싼 실리콘밸리를 벗어나지 않을까?'를 참고하라.

20. 폴 크루그먼, 《폴 크루그먼의 국제경제학 8판》(2009), 166~167쪽.

21. 엔리코 모레티, 《직업의 지리학》(2014), 91쪽.

22. "The top 100 science and technology cluster", WIPO(2021)

23. "20년 내 일본의 절반이 사라진다…열도 충격에 빠뜨린 '마스다보고서'(서영아의 100세 카페)", 〈동아일보〉(2021/03/14)

24. "일본으로 본 축소 사회의 도시 모습", 대신증권(2022)

25. 우치다 다쓰루 등, 《인구 감소 사회는 위험하다는 착각》(2019), 113쪽.

26. "도시로 몰려드는 노인들… 일본 부동산의 반전", 〈땅집고〉(2018/06/11)

27. 우해봉·장인수·정희선, 《한국의 사망력 변천과 사망 불평등: 진단과 과제》(2021)

28. "Cities experiencing a demographic shift as the average age of residents creeps upward", 〈FT〉(2018/04/21)

29. 한종수, 《강남의 탄생》(2016), 52~53쪽.

30. 손정목, 《서울 도시계획 이야기 3》(2022), 95쪽.

31. "어중간하게 150만호가 뭡니까", 대한민국 정책브리핑(2007/03/02)

32. "9.1 부동산 대책, 공급은 줄이고 수요는 늘리고", KDI(2014/09/30)

33. "'택지개발촉진법' 폐지… 신도시 건설정책 '마침표'", 〈한겨레〉(2014/09/01)

34. ""공급 충분하다며 막더니"… 김현미 '빵' 발언에 전문가는 '실소' 수요자는 '분노'", 〈조선비즈〉(2020/11/30)

35. "최근 20년간 수도권 인구이동과 향후 인구전망", 통계청(2020/06/29)

36. 필립 E. 테틀록, 《슈퍼 예측》(2017), 18~20쪽.

37. "The GII reveals the world's top 100 science and technology (S&T) clusters and identifies the most S&T-intensive top global clusters", WIPO(2023)

38. "세계 톱100 대학에 한국 5개 진입…佛·獨·日보다 많아", 〈조선일보〉

(2023/08/24)

39. "너무나 '한국적'이었던…'잼버리 사태'로 드러난 5가지 병폐", 〈경향신문〉
(2023/08/13)

40. "인구 구조 변화 대응실태 Ⅲ(지방행정 분야)", 감사원(2022/03)

41. "인구 구조 변화 대응실태 Ⅰ(지역)", 감사원(2021/07)

42. 최강욱·구병수·지성민(2023), "한·미 금리 동조화 현황 및 평가", 〈BOK이슈노트〉
2023-25호.

43. 스티븐 핑커, 《지금 다시 계몽》(2021), 285~286쪽.

44. "좀비마약에 도시 '비상사태'까지…美포틀랜드 상황", 〈국민일보〉(2024/02/01)

45. "아편전쟁, 펜타닐, 그리고 샌프란시스코(베이징노트)", 〈노컷뉴스〉(2023/11/15)

46. 엔리코 모레티, 《직업의 지리학》(2014), 15쪽.

47. 같은 책, 24쪽.

48. 같은 책, 25쪽.

49. 같은 책, 26~27쪽.

5장 인구와 주식시장의 미래

1. Carlo A. Favero·Arie E. Gozluklu·Andrea Tamoni, "Demographic Trends,
the Dividend-Price Ratio, and the Predictability of Long-Run Stock Market
Returns", 〈The Journal of Financial and Quantitative Analysis〉(2011/10),
Vol. 46, No. 5, pp. 1493~1520.

2. 이 부분에 대한 자세한 설명은 5장의 '한 걸음 더-1: 금리와 PER의 관계는?'을 참고
하라.

3. 김대중, 《대한민국 재테크사》(2005), 38쪽.

4. "테슬라, 1조 7천억 사채 첫 발행…모델3 생산자금 조달", 〈연합뉴스〉 (2017/08/08)

5. "Number of persons naturalized in the United States from the fiscal year of 1990 to the fiscal year of 2022", 〈Statista〉(2023/11/28)

6. "Frequently Asked Questions About 401(k) Plan Research", 〈ICI〉(2021/10)

7. 얀베 유키오, 《일본 경제 30년사》(2020), 121쪽.

8. 곤노 하루키, 《블랙기업》(2013), 241~243쪽.

9. Georg D. Blind·Stefania Lottantivon Mandach, "Decades not Lost, but Won: Increased Employment, Higher Wages, and More Equal Opportunities in the Japanese Labor Market", 〈Social Science Japan Journal〉(2015) Vol. 18, No.1, 63~88.

10. "2020 Share Ownership Survey", 〈Tokyo Stock Exchange〉(2021/07)

11. "도시바 회계부정… 아베의 묵인… 일본, 지배구조에 근본적 회의를 던지다", 〈DBR〉(2016/02)

12. "일본은행 YCC 유연화 결정 이후 시장 동향 및 전망", 한국은행(2023/08/22)

13. "'투자귀재' 버핏 또 日투자 늘리나…1조원대 엔화 채권 발행", 〈매일경제〉 (2023/11/17)

14. "향후 일본은행 통화정책 전망 및 금융시장 영향", 국제금융센터(2023/11/29)

15. "최근 중국 최저임금 추이 및 시사점", 한국무역협회 베이징지부(2022/04/08)

16. 박진희·최지원, "중국의 지방정부 부채 리스크와 주요 대응정책", KIEP 〈세계경제포커스〉(2023/11/16) 6권 42호.

17. "Can a tiger change its stripes? Reform of Chinese state-owned enterprises in the penumbra of the state", 〈NBER〉(2019)

18. "중국의 중장기 성장을 제약하는 구조적 리스크 요인에 대한 평가", 한국은행 (2021/12/10)

19. 박원암, "1990년대 금융", 은행연합회, 〈금융〉(2013/11), 716호.

20. "'영업점 폐점·인력 감축' 앞장선 KB국민·하나·우리", 〈더벨〉(2021/09/03)

21. "경제발전경험모듈화사업: 한국의 주력산업(자동차)", 기획재정부·산업연구원 (2014)

22. "현대차, 자연인력조정 돌입…'3년내 생산직 1만5천명 정년 · 추가고용계획 無'", 〈오피니언뉴스〉(2020/05/10)

23. ""분노 치민다"는 정년연장·고용세습…결국 노조 역대급 성과급으로", 〈머니투데이〉(2023/10/22)

24. "현대차, 10년 만에 생산직 뽑는다…채용 홈페이지 '접속 폭주'", 〈한겨레〉(2023/03/02)

25. 유노가미 다카시, 《일본 반도체 패전》(2011), 56쪽.

26. "전동화가 일자리에 미치는 영향", 〈AutoView〉(2021/08/20)

27. 김두순, "은퇴연령대 장기근속 퇴직자의 재취업과 임금변동", 〈고용동향브리프〉 2023년 5호.

28. "2022년(제54기) 사업보고서", 삼성전자(2023/03)

29. "고용 현안 이슈", 〈일자리TF〉 23-11-3, 관계기관합동(2023/11/21)

30. "2023년 3/4분기중 거주자의 카드 해외사용 실적", 한국은행(2023/11/29)

31. "멕시코 내년 최저임금 20% 인상…6년새 2.8배로 올라", 〈연합뉴스〉(2023/12/02)

32. 곽성일·백용훈·이한우, "한국-베트남 경제사회 협력 30년", 〈대외경제정책연구원 연구보고서〉(2021), 21~23.

33. "'동학개미' 어쩌나…900조 국민연금 한국주식 더 줄인다", 〈한국경제신문〉 (2022/05/27)

34. "국민연금 국내주식 보유 허용비중 상향, 숨통 틔웠다", 〈머니투데이〉 (2021/04/09)

35. "자산군별 포트폴리오 운용 현황 및 수익률(2022.12월)", 국민연금기금운용본부

(2023/03/02)

36. "2023년 재정계산 결과를 바탕으로 한 국민연금 제도개선 방향에 관한 공청회", 국민연금연구원(2023/09/01)

37. "2019~2060년 국민연금 재정 전망", 국회예산정책처(2019)

38. 대체자산에 대한 보다 자세한 설명은 5장의 '한 걸음 더-2: 전통 자산과 대체자산은 어떻게 구분하는가?'를 참고하라.

39. Yale Investments Office, "Yale's Strategy"

40. 클레멘스 봄스도르프, 《노르웨이처럼 투자하라》(2019), 62쪽.

41. 국민연금의 운용 성과를 확인하는 법은 5장의 '한 걸음 더-3: 국민연금의 성과를 확인하는 법'을 참고하라.

42. "국민연금, 향후 5년간 목표수익률 5.4% 결정", 국민연금 기금운용위원회 (2022/05/27)

43. "2023년 예산, 국회 의결·확정", 기획재정부(2022/12/22)

44. "2023년 연간 실질 국내총생산(속보)", 한국은행(2024/01/25)

45. 통화 분산 포트폴리오에 편입할 만한 ETF는 5장의 '한 걸음 더-4: 추천 ETF, 추천 미국 리츠 ETF'를 참고하라.

46. 통화 분산 포트폴리오에 편입할 만한 해외 상장 리츠 ETF 리스트는 5장의 '한 걸음 더-4: 추천 ETF, 추천 미국 리츠 ETF'를 참고하라.

1. 로버트 D. 카플란, 《지리의 복수》(2017), 266쪽.

2. 피터 자이한, 《셰일 혁명과 미국 없는 세계》(2019), 184쪽.

3. 이철희, 이소영, "현금지원이 유배우 출산율에 미치는 효과: 강원도 육아기본수당 지급 사례로부터의 증거", 〈경제학연구〉(2022) 제70집 제2호, 61~69.

4. "Why the knowledge capital of countries is key to economic growth", 〈World Economic Forum〉(2016/02/02)

5. "PISA 2022 Results", OECD(2023)

6. 주택구입부담지수에 대해서는 결론의 '한 걸음 더: 주택금융연구원이 제공하는 '주택구입부담지수' 조회하기'를 참고하라.

7. "3기신도시 새 아파트가 4억대…3200가구 쏟아진다", 〈매일경제〉(2022/07/13)

8. "장래가구추계: 2020~2050년", 통계청(2022/06/28)

인구와 투자의 미래 확장판

초판 1쇄 | 2024년 2월 20일

지은이 | 홍춘욱

펴낸곳 | 에프엔미디어
펴낸이 | 김기호
편집 | 상현숙, 양은희, 오경희
기획관리 | 문성조
디자인 | 채홍디자인

신고 | 2016년 1월 26일 제2018-000082호
주소 | 서울시 용산구 한강대로 295, 503호
전화 | 02-322-9792
팩스 | 0303-3445-3030
이메일 | fnmedia@fnmedia.co.kr
홈페이지 | http://www.fnmedia.co.kr
ISBN | 979-11-88754-93-9 (03320)
값 | 19,000원

* 파본이나 잘못된 책은 구입한 서점에서 바꿔드립니다.